LES

PLAIES LÉGALES

POISSY. — TYP. ET STÉR. DE A. BOURET.

PHILOSOPHIE DU DROIT

LES

PLAIES LÉGALES

PAR

ALEXANDRE LAYA

AVOCAT A LA COUR IMPÉRIALE DE PARIS

Ancien professeur de droit à l'Académie de Genève.

PARIS

LIBRAIRIE CENTRALE

24, BOULEVARD DES ITALIENS, 24

1865

DÉDICACE

—

A MA MÈRE

MADAME ACHILLE COMTE, VEUVE LAYA

C'est à toi que je dédie ce travail, et je ne saurais en exprimer mieux l'inspiration, qu'en empruntant à une des admirables lettres que tu m'écris, (toi le lauréat de l'Académie française par *l'Éloge de madame de Sévigné,*) la définition suivante :

Tu me disais, en m'encourageant à publier ce livre, lorsque je te l'annonçais :

» Ces questions préoccupent profondément la société : Elles en sont la sauvegarde pour les heureux et la honte pour les misérables :

» C'est la *peine de mort* qui fait d'un scélérat une victime;

» La *contrainte par corps* qui flétrit sans corriger;

» La *surveillance légale* qui pousse à la récidive par l'avilissement... »

Alexandre Laya.

Avril 1865.

PRÉFACE

ANTHROPOS

(L'HOMME)

ou

LES PLAIES SOCIALES

Tel est le titre d'un livre qui est prêt, qui paraîtra bientôt, et dont la monographie que nous publions aujourd'hui sous ce titre : « LES PLAIES LÉGALES » est un fragment.

Le grand naturaliste Humboldt a décrit dans le plus beau style et sous la loi du plus grand système, le monde entier (COSMOS).

En nous inclinant respectueusement devant le

grand écrivain de la Prusse, nous désirons le suivre comme un modèle, et chercher à décrire cette créature qui anime une des parties les plus actives du *cosmos*, que nous appelons : L'HOMME, que nos classiques, les Grecs, nommaient Ανθρωπος (*Anthropos*).

Nous l'avons étudiée, cette créature, dans toutes les diverses positions qu'elle occupe, en ce monde. Nous avons analysé ses imperfections et ses qualités, ses petitesses et ses grandeurs, ses passions basses et nobles, ses instincts féroces et tendres, et cela dans toutes les professions sociales.

Notre conclusion est triste, mais énergiquement vraie !

La vanité et l'oisiveté sont les génératrices de tous les maux qui déchirent la société humaine;

Mais nous prétendons que l'homme que nous appellerons désormais ANTHROPOS ne naît pas *vain* et *oisif*.

L'adulation dans le succès immérité crée l'homme vaniteux, et dès lors, dédaigneux de ses semblables. Le succès légitime, celui qui n'est que le résultat du mérite modeste, fait Anthropos le tuteur des autres.

Le succès immérité crée l'homme oisif, et l'oisiveté luxueuse amène la dégénérescence d'Anthropos, dont les descendants doivent arriver à peupler les prisons.

Il est peu d'oisifs volontaires : nous le prouverons.

Nous croyons très-fermement qu'Anthropos est de tous les animaux créés le plus féroce et le plus sublime.

Allez au fond des choses : ne craignez pas de prendre hardiment le scalpel et sondez nos *plaies sociales :*

Anthropos ne naît pas, comme on le croit, (sauf de malheureuses exceptions qui ne sont que les modifications vivantes de l'aliénation mentale), avec de mauvais instincts, mais Anthropos naît, (parce qu'il est un animal), avec l'*appétit moral et physique !*

Anthropos est comme le lion, le loup, le léopard, l'hyène... Anthropos a froid et faim... c'est sa nature intellectuelle et physique qui le veut ainsi.

Les hommes d'État, les écrivains, les penseurs qui se préoccupent de ces deux choses, inhérentes à cet animal, « *se couvrir et se nourrir* » sont bien obligés de reconnaître que c'est à ces deux nécessités de la vie humaine qu'il faut arriver à pourvoir...

Que si vous lancez dans le monde des bêtes féroces au moment où la faim les presse, ditesmoi ce qu'elles feront.

Donc, appelez tant que vous voudrez des *socia-*

listes, ceux qui cherchent à résoudre cet affreux problème :

« *L'homme qui naît doit être abrité, couvert et nourri...* » Vous êtes forcé d'en proclamer l'impérieuse solution !

Là est tout le système du bien et du mal :

Nourriture et abri intellectuels par l'éducation gratuite ;

Nourriture et abri matériels par des institutions quelconques dont nous indiquerons ultérieurement le mécanisme et l'organisation ;

Tels sont, selon nous, les éléments, *les seuls éléments* véritablement pratiques d'amélioration de cette race humaine, la plus sublime et la plus féroce race du monde créé.

Qu'on ne se figure pas que nous soyons un utopiste...

Nous avons passé notre vie à étudier, par de nombreux voyages, par des travaux pratiques, les diverses sectes socialistes, et nous y comprenons les états politiques organisés qu'on nomme des gouvernements *autocratiques, constitutionnels* ou *républicains*. Nous avons profité d'une situation administrative, passagèrement assez élevée, et de notre profession d'avocat pour aller nous-même, pénétrant, avec la loupe et le scalpel, dans toutes les couches de notre *cosmos*... cela nous a initié aux douleurs réelles d'Anthropos.

Notre conclusion est que :

Dans tout gouvernement il y a de bonnes et de mauvaises institutions ;

Mais que :

Dans l'homme, il y a des instincts naturels auxquels la société, quelle que soit sa forme, doit apporter un allégement, si elle ne veut perpétuer le mal, l'agression, le crime dans son sein.

Avant d'appliquer la peine de mort, qu'on nous permette ce jeu de mots, la société doit chercher à adoucir pour l'homme *la peine de la vie !*...

Que l'on soit sûr d'une grande vérité : c'est que le jour où Anthropos trouvera dans la société ou il est né, *la certitude de pouvoir vivre*, les prisons se fermeront d'elles-mêmes ; et les geôliers, guichetiers, et agents de l'autorité qui coûtent à la société plus cher que les frais d'entretien de ceux qu'ils surveillent, tous ces agents deviendront inutiles...

Utopie ! utopie !... s'écriera-t-on !...

Certainement, ce n'est pas à notre génération, ni à nos héritiers directs qu'il sera donné de voir réaliser ce beau rêve ! ! !

Mais évoquons un peu par la pensée les serfs de la féodalité française ; transportons-les dans le monde du suffrage universel... et demandons-nous si l'écrivain du xe siècle, pronostiquant les progrès du XIXᵉ, n'eût pas été brûlé comme un sorcier.

Voyons ce que produisent, de nos jours, les combinaisons financières; comparons le mécanisme du crédit avec les errements du commerce au Xᵉ siècle : qu'est-ce que c'était qu'un *industriel*, un *négociant*, un *marchand*, aujourd'hui les *Rois de la terre ?*...

On ne nous brûlera pas pour oser dire qu'il arrivera un temps où l'homme, en naissant, sera sûr de trouver sa nourriture et son abri... et qu'alors la moyenne des délits et des crimes en sera fort abaissée, sinon effacée.

Nos arrière-neveux le verront.

En attendant, poursuivons notre tâche.

ALEXANDRE LAYA.

INTRODUCTION

LA POLITIQUE MODERNE

Nous ne croyons pas avancer un paradoxe, en disant que la politique moderne est une véritable transformation des tendances de l'esprit humain au maniement des affaires publiques.

Bientôt, espérons-le pour le maintien de notre sécurité, tous les éléments de la vieille politique du passé auront disparu ; et les générations, dont l'avénement est prochain, n'auront plus, pour les entraver dans leur marche vers le progrès, les habitudes, les inspirations, disons plus : les passions des anciens partis.

Voilà bientôt un siècle que la France a placé

devant ses yeux la cible radieuse de la liberté; et pourtant, les tireurs de toutes bannières, ont en vain chargé leur arquebuse : personne *n'a fait mouche...*

Nous sommes à nous demander s'il est donné à une génération de réaliser l'œuvre.

Tous les gouvernements qui se sont succédé depuis 1789, ont proclamé la grandeur, la perfection des principes de cette grande année du xviiiᵉ siècle; et, pourtant, nous ne croyons pas, la main sur la conscience, qu'aucune des neuf formes de gouvernements, sous lesquels vit la France depuis 1789, puisse se dire sortie du moule de cette Révolution-Symbole. Nous ne reproduirons pas l'histoire pour donner la véritable raison de ce triste contraste : l'inspiration a été commune; et, pourtant, nous en sommes toujours à l'invocation et à la prière.

1789! tous les gouvernements l'ont proclamée comme le foyer, le centre, le cœur des solutions du grand problème social et politique... et, pour-

tant, nous ne calomnierons personne, en disant
que l'avénement de ces principes, le véritable couronnement de l'édifice, n'est pas encore arrivé.

Cependant, il faut le reconnaître : nous avons
fait un pas immense vers la solution définitive des
difficultés et des périls : l'apaisement des passions ; l'extinction des préjugés ; le développement
des sciences pratiques ; les notions du bien-être
par le travail industriel ; l'abolition des priviléges
de barrières et de douanes ; la conquête définitive et radicale de l'égalité ; tout cela diver-
sifie, modifie, transforme les sentiments et les
hommes de notre temps.

L'histoire est passée, en quelque sorte, à l'état
légendaire ; nul doute que, si l'Éducation de la
jeunesse est libérale, le moment n'arrive où sera
résolu le grand et jusqu'alors insoluble problème
de la liberté véritable, c'est-à-dire du maniement
des affaires par l'initiative des citoyens, unis dans
un même but : le développement et la dignité de la
nation.

Il faut déjà constater un pas énorme fait, cette année même, soit dans les affaires de l'intérieur, soit aussi dans le système, très nouveau, des affaires internationales :

Quant à l'intérieur :

La dernière session — (1864) — du nouveau corps législatif nous a donné un enseignement et un spectacle fort curieux : voir, d'une part, certains orateurs éminents venir dresser, eux-mêmes, le bilan de la vieille politique ; et, d'autre part, les organes officiels du gouvernement impérial mis en demeure de promettre et promettant la réalisation du progrès, c'est un pas fait vers le couronnement de l'édifice.

Nous rentrerons peu à peu, cela est infaillible, dans l'exercice plein et entier de nos droits. La liberté de la parole étendra son rayon ; et, la liberté de la presse aidant, la politique moderne sera bientôt ce qu'elle doit être, à savoir : l'application énergique de toutes les sciences sociales.

La *vieille* économie politique a fait son temps :
le règne de la nouvelle arrive.

Le mouvement des capitaux et des immeubles
mêmes, sous la forme du crédit mobilier et foncier,
a jeté dans les ressources matérielles une activité,
dont la première effervescence finira par prendre
le niveau raisonnable de la valeur vraie, due à
chaque chose : le bien être général s'en augmen-
tera ; la misère, déjà amoindrie par les travaux
immenses que l'industrie développe chaque jour,
s'effacera ; l'instruction bien dirigée, affranchie
des préjugés qui l'avaient circonscrite dans un
cercle étroit, pénétrera dans toutes les classes ; et
l'amélioration de la vie matérielle par le travail,
améliorera les instincts moraux qui se dévelop-
peront sous l'influence d'une éducation plus libérale.

Or, le point de départ, répétons le, c'est la *politique moderne,* affranchie elle-même des vieilleries
du passé.

Quant à l'extérieur, c'est-à-dire à la politique

dans ses relations avec l'étranger, un mot nous donnera la clef du problème que nous devons résoudre.

Pour en expliquer le mystère, il nous faut jeter un coup d'œil sur ce qui s'est fait en Europe, depuis que le droit international existe.

Rien n'est moins contestable d'abord que cette formule, c'est que l'histoire prouve que presque jamais, en matière de droit international, les nations n'ont été consultées. La dernière conférence de Londres ne vient de faire autre chose que de consacrer cette vérité ; et nous estimons que, lorsque Sa Majesté l'Empereur Napoléon III a proposé à ses confrères en monarchie de se réunir en congrès final, cette proposition ne devait aboutir qu'à un refus, par la raison toute simple que les souverains, mis en demeure par l'Empereur des Français de faire un peu de droit international, ne se sont pas souciés le moins du monde de suivre la France sur le terrain des *nationalités*.

Nous ne voulons pas, ici, faire de l'érudition ;
mais, en vérité, rien n'est curieux, rien n'a été
stérile au point de vue de la polique internationale,
comme la série des congrès et des traités, depuis le
traité de Munster et d'Osnabruck, qui a reçu le
nom de traité de Westphalie, et a été décoré du
titre de traité fondamental de la politique internationale en Europe.

Croit-on que la politique de Richelieu sur laquelle
roulent les événements de la guerre de Trente ans
ait été la véritable représentation des intérêts in-
ternationaux en Europe, et, par conséquent, que
les traités de 1648, produits de cette politique,
aient été la véritable formule du vœu des nations ?

Eh bien ! consultez l'histoire, et certes vous trou-
verez de 1618 à 1685, par exemple, des manifes-
tations nationales qui viennent prouver l'antagonisme des nations contre cette façon d'écrire le
droit des gens. Certes : la *Pétition des droits* en
Angleterre, la condamnation de Galilée, le soulè-
vement des *va-nu-pieds* en Normandie, la conspi-

ration de Cinq-Mars, le supplice de Charles Ier, la Fronde, le Protectorat de Cromwell, tant d'autres faits se sont produits comme autant de protestations contre les faiseurs de congrès, et les jurisconsultes spéciaux de ce droit des gens écrit en dehors du vœu des nations.

Eh bien, aujourd'hui, *nous changeons tout cela.*

Ne faisons plus de la vieille politique. Écrivons les traités sous la dictée des *nationalités ;* et nous donnerons la solution la meilleure à toutes les difficultés internationales.

Nous sommes donc en progrès sur plusieurs points ; et lorsque la liberté deviendra la base véritable de nos institutions, peut-être l'organisation définitive de nos rouages permettra-t-elle à la France d'oublier ses anciennes divisions, l'unique obstacle à sa sécurité.

Mais nous avons, au point de vue de nos mœurs intimes, bien des réformes à accomplir.

C'est là ce que nous nous proposons d'examiner :
Le temps est propice.

C'est à nos lois pénales et à nos imperfections civiles que nous devons demander ces réformes.

C'est ce que nous nous proposons de faire dans cette monographie.

PLAIES LÉGALES

DU POUVOIR DE LA LOI EN FRANCE

Il ne faut pas le méconnaître : une amélioration, imminente dans nos lois, préoccupe beaucoup, en ce moment, les hommes qui veulent concourir aux progrès de l'humanité.

Mais, il subsiste encore, dans les masses, une foule de préjugés qui ne seront déracinés que par un *coup d'État légal*.

Les Codes *Napoléon* ont exercé leur pouvoir depuis soixante ans ; et certes, la France a prouvé, par son respect pour ses législateurs, que ce pays, révolutionnaire par habitude et par goût, sait obéir à la loi.

Le pouvoir de la loi est peut être le seul pouvoir qui soit resté debout, en France, depuis plus d'un demi-siècle.

C'est un fait très-curieux pour l'observateur que cette obéissance passive de notre pays à nos codes. Il semble que les institutions politiques aient eu, seules, le privilége de souffler, dans les masses, l'esprit de révolte; cependant tous les hommes qui se sont voués à l'étude des lois, s'accordent à reconnaître qu'il y a dans le *Corps de notre droit général* (*Corpus juris*), des *Plaies légales* qu'il faut cicatriser.

Les années s'écoulent, les sessions législatives se ferment, sans que l'on ait saisi nos législateurs de l'impérieuse nécessité de *réviser nos codes.*

Nous nous proposons d'appeler l'attention du gouvernement sur cette nécessité. C'est en sondant les diverses *Plaies légales* de notre corps social que nous demanderons cette révision ; et, nous en sommes convaincus, pas un jurisconsulte, pas un avocat, pas un député, pas un sénateur, pas un ministre, qui ne s'empressera de proclamer avec nous l'urgence d'un travail que nos progrès commandent.

1.º La *Peine de mort;*

2.º La *Contrainte par corps;*

3.º La *Séparation de corps et son remplacement par le Divorce;*

4.º La *surveillance de la haute police;*

Telles sont les matières sur lesquelles nous nous proposons d'appeler l'attention de nos législateurs;

Telles sont les *Plaies Légales* que nous leur demandons de cicatriser et de guérir.

DE

LA PEINE DE MORT

DE LA PEINE DE MORT

I

Nous ne ferons pas de l'érudition.

Si un moyen de discussion a jamais été stérile, c'est principalement sur cette question : DOIT-ON ABOLIR LA PEINE DE MORT ?

Les dissertations savantes ne manquent pas sur une matière qui compte des partisans *pour* et *contre*, à nombre égal.

Criminalistes, jurisconsultes, hommes d'État, philosophes, économistes, poëtes, tous les écrivains, tous les orateurs se sont occupés de cet immense problème à résoudre, selon le courant de leur génie.

Tous ont tourné très-éloquemment autour de ces deux formules opposées :

« La société n'a pas le droit de disposer de la vie de ses semblables ; »

Voilà pour les partisans de l'abolition.

« Le jour où l'abolition de la peine de mort sera édictée, tous les geôliers seront assassinés dans les prisons ; »

Voilà l'argument le plus brutal qu'aient émis les criminalistes de la cour suprême, adversaires de l'abolition.

Beaucoup d'autres formules se sont groupées accessoirement autour de ces arguments fondamentaux : les principes, les textes, les analyses, au point de vue de la religion, ont complété plus ou moins également les nuances de l'argumentation *pour* et *contre*.

Laissons dans les livres du passé les arguments qui divisent leurs auteurs : prenons la société telle qu'elle est de nos jours ; et voyons si la peine de mort atteint le but que se proposent de toucher les adversaires de l'abolition, à savoir :

De *punir le coupable,* sanction desirée ;

Ou d'*effrayer ses imitateurs*,

Remède préventif.

C'est là, et là seulement, que l'on doit trouver la solution nécessaire, fatale du problème.

Voyons d'abord si le coupable trouve dans la peine de mort une punition réelle; et si, par une conséquence étroite, la société trouve dans cette punition une sanction satisfaisante.

Pour répondre à cette double question, il faut examiner psychologiquement l'état de l'âme de l'assassin avant son crime, et ensuite le travail intime qui s'opère dans cette âme même, pendant les débats et après le verdict du jury qui l'a reconnu coupable, puis après le prononcé de l'arrêt qui l'a condamné.

III

Il y a trois sortes d'assassins : les assassins *par passion ;* les assassins *par brutalité ;* les assassins *par vanité.*

L'ASSASSIN PAR PASSION

IV

L'assassin *par passion*, c'est l'homme qui cède à un entraînement fatal : la jalousie ; l'esprit de vengeance ; la misanthropie irréfléchie, ou surexcitée par des idées utopiques ; la croyance dans une sorte de droit légitime de défense personnelle ; l'entraînement de l'amour ; la surexcitation d'une souffrance imméritée ; telles sont les causes multiples qui peuvent armer le bras de l'assassin *inspiré*.

Prenons dans l'histoire des crimes les faits auxquels nous faisons allusion :

Un amant a poignardé sa maîtresse parce qu'on la lui a refusée pour épouse ; son imagination se

perd dans toutes les conjectures de sa passion,
frappée au fond de son cœur. Il en a fait son rêve ;
il en a fait la joie de sa vie ; il a voulu réparer,
autant qu'il est en son pouvoir, la faute commise ;
le désespoir qui brise son cœur est à son apogée ;
il y a même dans le spectacle de la beauté de celle
qu'il aime la surexcitation de son âme ; sa passion
prend toutes les proportions de la folie, non pas
de cette aliénation mentale qui procède par sou-
bresauts, par étrangetés, par boutades ; non pas de
cette insanité qui touche à l'excentrique, au ridicule!.. mais à l'analyse froide, sèche, raisonneuse,
de l'avenir...

L'avenir de cet amant et de cette maitresse séparés par la décision impérieuse de l'autorité paternelle est quelque chose de navrant.

Toutes les spéculations radieuses de ces deux
cœurs unis se sont écroulées!... tout l'édifice d'un
bonheur intime, honorable, honoré, s'est effon-
dré!... la pensée même d'une vie livrée, malgré le
vouloir de la fiancée, à un autre, se dresse devant
l'amant sérieusement passionné, et sérieusement
aimé... dans un moment d'épanchement, le malheur, cet affreux fantôme, se lève comme une

menace… l'amant prend une arme, il frappe… et, son crime commis, l'œil hagard fixé sur sa victime-complice, dominé par une prostration soudaine de ses forces perdues, l'assassin va souvent, de lui-même, se constituer prisonnier.

Suivons-le, cet homme, dans les phases de l'instruction, des débats, de la condamnation, de l'exécution.

Nous le trouverons doux et posé dans sa prison, respectueux envers le magistrat instructeur, plein de déférence pour le directeur et les guichetiers, discret dans sa vie d'accusé en état de prévention, restant renfermé dans sa cellule, et demandant comme une faveur l'isolement absolu ; cet homme qui fut si cruel, qui ne craignit pas de frapper au cœur celle qu'il aime tant, qui ne calcula pas la souffrance intime, aiguë, atroce de ce passage de la vie florissante à la mort, qui poussa, de son bras nerveux et brutal, dans cet effroyable abime : la mort !... une créature frêle, dans le moment des

étreintes les plus enivrantes d'une adorable passion ! ce monstre inspiré ! le voilà faible, abattu,
résigné, plein de déférence pour ceux qui l'entou-
rent, imposant à chacun une sorte de pitié sympathique et presque respectueuse qui semble effacer
momentanément la trace du sang indélébile qui a
rejailli sur ses mains...

L'audience est ouverte:

L'assassin se présente simple et modeste dans
son maintien; le Président ne peut s'empêcher
de mettre dans son interrogatoire une certaine
réserve qui émeut le jury.

Dans ces sortes de procès, tout est silencieux;
pas d'incident inattendu qui jette dans l'audience
le trouble et l'effroi. L'on assiste, ce semble, à
une espèce d'enquête romanesque et philosophique; l'on irait jusqu'à plaindre le patient... si le
crime n'était là, debout, irrécusable; et si la loi,
l'implacable loi, dans son invariable équité, ne
venait frapper celui qui égorgea sa victime...

VI

Avant le verdict du jury, dans le moment solennel des épanchements intimes, lorsque l'accusé m'appelait dans son cabanon, j'ai sondé son cœur. Nous avons un merveilleux privilége, nous autres avocats, c'est d'être, en peu de temps, les confesseurs réels, spontanément désirés des coupables. Avec nous, ils dégagent leur âme de ce poids affreux : *le remords*. Ils nous regardent comme un frère, plus qu'un frère... Ils comprennent tout l'intérêt que nous leur portons. Ils n'ont aucune arrière-pensée.

Devant le juge instructeur, devant le Président des assises, devant le ministre de la religion même, ils éprouvent un certain embarras, des réticences, je ne sais quel mélange de crainte et de respect qui leur imposent. Avec nous, ils respirent librement, et surtout lorsque le crime n'a pas le caractère odieux d'une cupidité monstrueuse à satisfaire.

Eh bien, un de ces hommes, un assassin de sa maîtresse, je l'ai souvent consulté sur les mouvements de son cœur, en vue de la terrible sentence qui le menace :

» — Lorsque, lui disais-je, vous avez eu la cruauté de tuer cette pauvre fille, avez-vous eu la pensée de tourner sur vous-même l'arme qui l'avait frappée ? n'avez-vous pas calculé les conséquences fatales de ce crime, et la perspective de la sanction pénale ne vous a-t-elle pas effrayé ? »

» — Non, me répondait-il naïvement... je vous dirai une chose, M. l'avocat... nous autres gens du peuple, nous recevons une éducation incomplète, en fait de religion. Les uns croient à tout ce que leur disent les prêtres : ils comptent sur une vie future ; ils iront au paradis ou à l'enfer, selon le degré de leur foi. D'autres ne croient à rien. Nous ne sommes que matière à ce qu'ils disent ; et pour ceux-là, la vie est de peu d'importance, quand ils souffrent de la faim et de la soif. Ils veulent jouir, tant qu'ils sont sur terre; ils envient le sort des riches; ils s'arment contre eux; ils les tuent pour que le vol commis puisse ne pas laisser contre eux la chance d'être reconnus.

» Enfin, il en est, (et je suis du nombre) qui doutent, qui ne peuvent avoir l'esprit rassuré sur leur avenir qui, pourtant, se refusent à ajouter foi au néant après la mort. Eh bien! c'est pour cela que j'ai voulu survivre à ma maîtresse. Si je m'étais tué, peut-être ma pensée eût-elle suivi l'anéantissement de mon corps; et alors n'étant pas assez religieux pour croire à une vie future, j'ai préféré survivre à ma maîtresse pour y penser plus longtemps.

» Oh! soyez tranquille, lorsque viendra le moment de mourir, je tâcherai, pour me donner du courage, de surmonter le doute dans lequel je vis, et de trouver dans mon cœur assez de foi pour croire que ma maîtresse m'attend.

» Je ne puis en tous cas envisager mon exécution que comme une délivrance. S'il n'y a pas une vie future, ma dernière pensée sera pour elle; s'il en est une, au contraire, l'idée de la retrouver me donnera non-seulement du courage, mais presque du bonheur. »

Cette résignation m'émut profondément.

L'assassin monta les dégrés de l'échafaud avec un courage simple et sans apparat. Il reçut les derniers conseils du prêtre comme on reçoit les adieux d'un ami ; il ne cacha rien de son amour ; et le vénérable abbé Montès, le plus digne des chrétiens, voulut bien donner à ce malheureux amant l'espérance de retrouver au ciel la femme qu'il avait tant aimée.

VII

La peine de mort est-elle une sanction redoutable dans un cas pareil? Croit-on que la souffrance
physique de ce passage rapide de la vie à la mort
soit un obstacle à la perpétration d'un crime, sus-
cité par les entraînements d'une passion?

La société qui s'est émue, en assistant à ce
drame, n'a-t-elle pas eu pour cet homme tant de
pitié qu'elle est presque devenue sympathique à
cette destinée qui a commencé par l'amour, le
dévouement et l'espérance, et qui s'est brisée dans
le paroxisme de la jalousie?

Non, dans ce fait spécial, la peine de mort ne
nous paraît pas être cette peine menaçante, dressée contre les assassins, et capable d'inspirer à
des hommes entraînés une crainte salutaire.

Terrible dans ses conséquences, la peine de mort ne frappe un assassin *par passion* que pour le délivrer de la vie; c'est en quelque sorte le *suicide par l'échafaud*.

VIII

L'échafaud !... puisque nous avons prononcé ce mot, et puisque cet instrument du dernier supplice n'a pas été brisé, voyons un peu comment on en comprend l'effet sur les masses.

Le spectacle de la peine de mort, puisque cette peine existe, doit-il se faire presque à *huis-clos*, ou doit-il, au contraire, se faire *au grand jour* devant des milliers de spectateurs, sur la plus grande place de Paris, enfin dans l'apparat le plus éclatant?

De deux choses l'une : ou les criminalistes qui maintiennent la peine de mort la considèrent comme un exemple à exposer devant ceux qui peuvent se croire les *hécatombes* de la guillotine;

Ou bien, ils ne peuvent s'empêcher d'avouer que cette peine, ce châtiment, n'a pas sur les

3

masses où se groupent les assassins, l'effet qu'ils en attendent.

Dans le premier cas, on se demande pourquoi ce terrible châtiment ne se fait pas au grand jour. On croit que l'apparat funèbre qui précède la fin de cet épouvantable drame pourrait être un des éléments les plus vrais de cette salutaire terreur : c'est selon nous une erreur profonde.

Dans le second cas, la peine de mort est frappée de stérilité. Si le peuple n'assiste pas à la souffrance du patient ; s'il n'est pas effrayé par cet exemple, si son cœur ne bat pas à l'aspect du spectacle qui se déroule à ses yeux, l'effet du châtiment est nul. La souffrance physique ou morale du condamné se concentre dans l'enceinte de la cellule : elle ne se communique pas aux spectateurs de l'échafaud !

Dans la matinée du jour de l'exécution, une masse d'hommes plus ou moins mal vêtus, de ces hommes que l'on ne voit qu'en ces jours néfastes, attendent en s'escrimant, avec les aides, muets mais souriants, à force de *lazzis* empruntés à l'argot des Bagnes — mille hommes de cette espèce autour de l'échafaud, sur la place ; et plus de vingt mille

autour de la prison, se vengent de l'impossibilité
d'assister à ce spectacle en hurlant d'horribles
chansons obscènes, en *engueulant* (pardon du mot)
les gens en habit noir qui se sont aventurés dans
cette fourmilière de curieux, ou les malheureuses
femmes qui sont venues là, ne se doutant guère
qu'elles seraient exposées aux imprécations de
cette multitude avinée, ou dont l'ivre curiosité
ressemble à la dernière des ivresses.

Voilà ce qui se passe, le jour de cette fête
sombre de d'une exécution capitale.

IX

Non, ce n'est pas là un spectacle capable d'imprimer la terreur aux désœuvrés de la populace, aux *gouapeurs* du pavé de Paris, ces *arbrisseaux* de la pépinière criminelle des Bagnes. C'est, disonsle, purement et simplement, le spectacle *gratis sui generis* de la mort violente.

Un mot qui dépeint la pudeur, la terreur que l'on s'imagine être l'impression générale de la masse !

Un jour, un assassin, lâchement traîné sur la planche fatale, attaché violemment sur la bascule, se mit à pousser un hurlement de bête féroce, en apercevant le couteau…

» --- Tiens !… dit un de ces petits piliers des

Bagnes qui assistait à l'exécution... *En v'là un qui appelle la garde!...* » et la foule répondit à ce *lazzi* par un sauvage éclat de rire.

Où est-elle cette grande émotion, cette terreur salutaire ?...

X

En Espagne, lorsqu'on applique la peine terrible du *garrot*, toute la ville est en rumeur.

Dès le matin des hommes se promènent portant un sac et une cloche. Ils sonnent de la cloche en stationnant devant chaque porte, et réunissent dans le sac l'offrande de chaque maison. Cette offrande est destinée, du moins, à une œuvre utile : le montant de la collecte est remis à la famille du condamné.

Rien n'est plus funèbre que le son de cette cloche... rien de plus expressif que cette aumône !

C'est vers trois heures de l'après-midi que l'exécution à lieu. Cela se passe sur un immense terreplain, en dehors de la ville. Plus de cinquante mille personnes suspendent leur travail pour aller

voir ce hideux spectacle. Croyez-vous qu'il y ait
là le moindre sentiment d'émotion, de crainte,
de terreur?... Non, les spectateurs se figurent aller
à une course de taureaux. Ce peuple curieux
paraît être encore sous le ressouvenir des auto-
da-fe de l'Inquisition. Ne vous imaginez pas qu'il
éprouve la moindre terreur salutaire. — Pour ce
peuple ce n'est qu'un spectacle, rien de plus!

Nous en dirons autant de ce qui se passe à
Londres, devant la porte de la cuisine de *Newgate*,
— à Genève, au bas de la treille... partout... c'est
le même spectacle; ce sont les mêmes spectateurs;
c'est le même cynisme dans la curiosité; et la mort
du condamné n'a jamais arrêté la main d'un seul
imitateur.

L'ASSASSIN PAR BRUTALITÉ

XI

Quand l'avocat, chargé d'office, se présente au cabanon d'un de ces assassins, monstrueux animaux féroces, qui tuent sans avoir, en quelque sorte, la conscience de leur action, voici ce qui se passe :

L'assassin est gardé à vue par un de ses compagnons de prison (ordinairement un voleur) : il est enfermé dans une cellule, à Mazas, cellule destinée aux prévenus.

Nous avons vu, dans cette prison, deux types
de cette catégorie de bêtes fauves : l'un, c'était
un roulier ; cet homme, jeune encore, avait été
condamné à cinq ans de travaux forcés pour vol
avec effraction, la nuit, dans une maison habitée.

Placé, au sortir du bagne, sous la surveillance
de la haute police, il était, chaque jour, harcelé,
traqué, dans le cercle d'airain de sa résidence
légale.

Pour ce loup social, la possession de *papiers en
règle*, volés à un autre, c'était l'apogée de la sécurité, du bonheur.

Un jour, sur une route, il avise un roulier
comme lui, conduisant sa charrette. Ils étaient
seuls sur le chemin. Il lie conversation avec cet

homme et, après s'être assuré que son compagnon possèdait un livret, il l'invite à venir passer la nuit dans son garni, un bouge au 5ᵉ étage dans un des recoins de la rue Saint Honoré. Les deux hommes entrent à la nuit close; l'allée s'est ouverte, et tout dort dans la maison.

Le lendemain matin, notre homme paye la logeuse, et descend l'escalier, emportant sa malle sur ses épaules.

Quelques mois après, les facteurs de la gare des marchandises du chemin de fer d'Orléans avisent une malle reléguée au dépôt des colis abandonnés par les voyageurs. Une odeur fétide s'exhalait de cette caisse en bois. On l'ouvre, et l'on y trouve un cadavre dont les os brisés étaient placés avec un soin d'emballage dont l'ordre témoigne d'une atroce férocité.

Chose étrange! le misérable, tout en commettant ce crime inqualifiable, avait remis pêle-mêle dans cette malle la blouse et les papiers inutiles de ce pauvre roulier.

Or, l'œil de la police, l'argus aux mille rayons, n'avait pas cherché longtemps. — On avait retrouvé facilement la trace de l'assassin — et lors-

que les agents s'emparèrent de lui, pas un mouvement, pas un acte de résistance, n'avaient
soustrait ce criminel féroce à son arrestation.

Il avait passé aux assises : l'œil fixé sur ' son
banc, la tête basse, cet homme ne faisait au Président qu'une seule réponse : » *Dam'! M. le Président! j' n'avais pas d' papiers!* »

Cette brute ne témoignait d'aucune émotion :
les détails de son crime, reproduits sans aucun
ménagement, passaient dans l'auditoire frémis-
sant comme un ouragan dans les sinuosités sombres de la forêt; lui seul, cet assassin, hébété,
muet, l'œil fixe, les lèvres béantes, sans sourire,
sans larme, absolument comme une hyène, écoutait
l'accusation, le réquisitoire, les dépositions des
témoins comme un sourd. Pas un mouvement
d'horreur! et lorsque le Président prononça contre
lui la peine de mort... la brute se leva, suivit
lourdement le gendarme, et l'on entendit cette
seule excuse à sa férocité : « *Dam'! j' n'avais pas
d' papiers!* »

Dirons-nous ce que fut cet homme au jour de
son exécution?

Les criminalistes, les politiques, les moralistes

proclameront-ils que ce monstre fut puni? les spectateurs de cette exécution furent-ils émus de compassion, saisis de recueillement ou frappés de terreur? voyons :

Lorsque l'exécuteur des hautes œuvre entra dans le cabanon, la brute dormait. Les aides s'en emparèrent. La seule phrase que prononça l'assassin fut celle-ci : « *Donnez moi une chopine...* »

Et ce breuvage ranima une hyène endormie.

Il fut littéralement porté par les aides sur la planche. Le corps seul était devenu livide, l'âme semblait être absente; les artères avaient cessé de battre; l'être était tombé sous le coup de cette grande massue, l'hébétation.

Quant au peuple : Conduisez une masse quelconque d'oisifs à la morgue ou à l'abattoir, masse connue des prisons ou des bagnes, et demandez leur s'ils sont émus? Les idées du matérialisme le plus brutal s'emparent de leur esprit, à ces jours d'exécution. La masse a ses penseurs aussi, ses hommes forts, ses psychologistes; et ces spectateurs autour desquels font cercle les jeunes *gouapeurs* du Canal, argumentent, doctrinaillent, professaillent l'abnégation de la pensée au mo-

ment suprême. Je les ai entendus, ces docteurs
de cabanon, doués d'une certaine éloquence em-
pruntée à l'exaltation de la haine fébrile qu'ils
ressentent contre la race humaine : non, certes,
l'échafaud n'exerce sur les masses aucune terreur. C'est, nous le répétons, un spectacle : Elles
s'y rendent pour voir comment mourra l'assassin,
et sont au coupable exécuté comme les masses du
peuple Espagnol aux courses de taureaux, toutes
prêtes à applaudir l'animal dont le coup de corne
éventre un picador et s'écriant, à tue-tête : *Bravo!*
bravo, toro ! »

XIII

Un autre monstre, qui s'appelait Laforcade, au front déprimé, aux pommettes saillantes, au rictus pincé, aux lèvres sèches, étroites, et presque imperceptibles, appartient à cette catégorie de tueurs par brutalité.

Une pauvre vieille femme, octogénaire, habitait, toute seule, un appartemeut isolé de la rue Saint-Sulpice. Elle était abonnée à je ne sais quel petit journal.

Laforcade allait en recettes. Il pénètre auprès de cette pauvre femme, suppose qu'elle a bien quelque argent ; et au moment où elle se lève pour aller chercher dans sa chambre le prix de son abonnement, l'assassin la frappe par derrière, ouvre les tiroirs de la chambre, prend quelques pauvres écus qui s'y trouvent enfermés ; et le crime commis, reprend tranquillement sa course, et revient au journal comme si de rien n'était.

Cet homme fut muet et impassible aux débats. Il mourut lâchement, ainsi qu'avait fait l'autre : le peuple se rendit, comme toujours, sur la place de la Roquette ; et, désappointé de voir que le héros de l'échafaud était mal mort, le peuple murmura.

Quant à l'effet produit... nul, absolument nul.

L'assassin par brutalité n'est qu'un animal féroce. On assiste à son exécution comme on va voir un tueur abattre un chien enragé...

Cette curiosité ne comporte aucune émotion solennelle.

XIV

C'est une vérité bien triste, dans l'étude statistique de l'assassinat, que de voir presque toujours les recrues de ce crime se produire dans les classes inférieures.

Est-ce donc à dire que l'éducation et l'instruction soient des éléments protecteurs contre le crime? Sans aucun doute, ce privilége des classes policées est un préservatif : seulement, en ce qui concerne l'assassinat, le caractère inspirateur de ce genre de crime change de nature.

Quelquefois (mais, rarement) la colère, la passion, l'esprit de vengeance ont fait des assassins dans les classes hautes. Nous pourrions, en portant notre étude sur les siècles antérieurs, arriver à classer dans la catégorie des assassins par passion un assez grand nombre de coupables : mais, il faut le reconnaître, dans les temps modernes, le nombre de ces meurtriers exaltés est considérablement diminué. L'assassinat procède d'un sentiment plus délicat, plus raffiné, plus policé, dans les classes supérieures.

L'arme est en harmonie avec l'instinct. En France surtout (car nous ne parlerons pas des autres peuples, chez lesquels l'assassinat procède d'autres éléments bien divers, dignes d'observation, et que nous produirons un jour), en France, l'arme de l'assassin des hautes classes est le poison.

A peu d'exceptions près, ces assassins sont des empoisonneurs : et presque toujours, le mobile du crime, c'est la vanité.

La vanité de la fortune, la vanité des jouissances matérielles, le luxe, les plaisirs et leur enivrement ; tels sont les éléments inspirateurs qui créent les empoisonneurs.

Il peut se trouver, dans les classes inférieures, des hommes assez cupides pour tuer, dans le but de voler de l'or, ce métal dont le son les irrite, dont le reflet les éblouit; d'autres, de la même catégorie, peuvent tuer dans la crainte que leur vol soit découvert et que la prison ou le bagne se referme sur eux; d'autres, enfin, tuent pour manger! (heureusement, ces hommes deviennent de plus en plus rares).

Mais, ces classes-là ne sont pas initiées au mouvement psychologique qui s'insinue dans l'âme des assassins par vanité.

Il y a des inspirations de toute sorte dans le travail de leur âme :

L'envie; le désir de se voir, à leur tour, l'objet des admirations, stériles pourtant, qui éclatent autour des riches.

Le luxe, en effet, ne donne pas seulement les moyens matériels de se procurer des jouissances; le luxe satisfait à toutes les aspirations qui placent l'homme riche comme le point de mire de toutes les adulations.

Le philosophe, fût-il même sensualiste, et digne appréciateur de toutes les voluptés, peut voir se développer la gerbe de ces artifices du luxe, sans en être ébloui — son âme repliée, sur sa force morale, en fait un spectateur désintéressé du bonheur des autres.

Mais, tous ont-ils la même énergie?

Tous se résignent-ils, dans ce labeur persévérant d'une vie honnête et dévouée souvent à des peines infructueuses, à voir passer devant leurs yeux le tourbillon, l'orage, la *danse macabre* du luxe, jouisseur imbécile que le hasard a comblé?

Le principe du plus odieux de tous les crimes, c'est, sans contredit, l'envie, surexictée par les miroitements de ce luxe; et cette envie a une mère impérieuse, implacable, qui s'empare de l'âme de l'envieux, la brûle, l'enivre, et lui fait prendre l'arme odieuse du poison... cette mère, c'est la vanité !

XV

De notre temps (et c'est un mal presque irré-
parable), l'agiotage, la mer montante du jeu, le
spectacle bruyant, rapide, entraînant de cette
tourbe qui tourne, roule, et se jette au travers de
la fournaise du luxe, a pu devenir l'inspirateur de
l'assassinat.

Voyez Castaing, voyez La Pommerais !... l'appât de l'or, le besoin d'être riche, l'avide passion des jouissances faciles ; voilà ce qui est
devenu le déplorable inspirateur de ces deux
hommes.

Et, comme si la fatale loi de cette inspiration
avait voulu donner un exemple de ce que peut
enfanter la vanité, voilà deux assassins qui trou-

vent dans leur profession l'instrument inhérent au caractère même de leurs crimes : le Poison.

Or, ces deux hommes que nous prenons comme types pour prouver la force de notre argumentation, comment sont-ils morts ?

Ils sont morts lâchement.

Ils ont voulu persifler l'arrêt de leur exécution ; et, la force morale les abandonnant, le courage les a délaissés au moment suprême.

Ces deux champions de *l'assassinat par vanité* n'ont pas eu la fierté d'un joueur qui a mis sa tête comme enjeu de sa cupidité, avec une certaine noblesse, exposant sa fortune avec élan, payant avec grandeur, riant comme le comte Ory ou Robert de Normandie devant le cliquetis des dés qui emportent tous ses biens, perte derrière laquelle reste, d'ailleurs, une généreuse épée en fer...

Non ! ces joueurs filent la carte bizeautée de la mort... ils ont triché par l'empoisonnement. Ils meurent sans grandeur, sans courage, sans effet ; tous les deux, on les a portés presque mourants sur l'échafaud.

Croyez-vous que le peuple, qui assistait à ces

deux exécutions, ait puisé dans ce triste spectacle le moindre enseignement?...

» C'est bien fait !... » a dit le peuple... mais de terreur salutaire, de terreur préventive !... pas un germe.

XVI

De tout ce qui précède pouvons-nous conclure
que la peine de mort doive être abolie? Pouvons-
nous déduire un moyen quelconque de la remplacer?... Quant à son abolition, elle est trop impérieusement commandée par le progrès, pour que
l'on ne la prononce pas le plus tôt possible. Car
enfin, on ne peut la regarder ni comme une sanction pénale infligée au coupable, ni comme un
élément d'effroi dressé devant ses imitateurs.

Peut-on la remplacer?

Oui, nous le croyons :

D'abord, il n'est pas sans exemple que les angoisses du remords aient vengé la victime : nous
pourrions citer bien des exemples qui prouveraient

que les assasins, non exécutés sur l'échafaud, se sont lentement, péniblement, cruellement éteints dans les douleurs les plus intimes des langueurs d'une vie terrifiée.

Sans vouloir accumuler les images lamentables du travail incessant et profond du remords, nous pourrions prouver que ceux qui survivent à l'assassinat qu'ils ont commis paient, à chaque minute de leur insomnie, la dette de leur crime.

Nous ne pouvons dans le cadre qui nous est donné faire connaître, en détail, les sévices légitimes que la société serait en droit de créer contre ceux-là même qui survivent... On pourrait ajouter aux angoisses de la claustration cellulaire le tourment du silence absolu... En Amérique, le coupable, isolé par la claustration, subit non-seulement les tortures de cette séquestration, mais il subit encore l'épouvantable sensation du silence perpétuel... pas un être humain qui lui parle ; pas même un livre qui puisse le distraire. Abandonné à ses pensées, il devient monomane !... et la statistique des prisons américaines donnne un chiffre effrayant d'aliénés... de *fous furieux*...

Peut-être la perspective de cette sanction pénale

arrêterait-elle les assassins devenus ainsi des parias par la claustration cellulaire.

L'on pourrait composer un corps de droit pénal facile à rédiger ; et qui, sans aucun doute, contiendrait des dispositions terribles qui remplaceraient le court moment du dernier supplice.

Voilà pour le coupable.

Quant au public ; quant à ceux qui, ne craignant pas la peine de mort, peuvent être considérés comme les émules de l'assassinat, s'ils ne sont pas arrêtés, ainsi que nous le croyons, par le spectacle de l'échafaud, peut-être seraient-ils épouvantés par cette peine d'une claustration étroite, absolue, dont l'effet redoutable et presque nécessaire est la folie !...

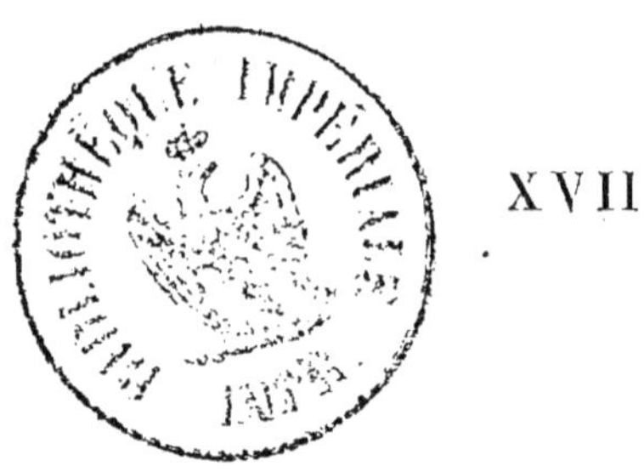

XVII

Comment les prendre, ces hommes qui ne craignent pas de tuer leurs semblables? est-ce par la terreur, est-ce par la souffrance corporelle? car il n'y a, vraiment, que deux obstacles sérieux : la crainte de souffrir moralement ou la crainte des tortures physiques.

Voyons :

Allons jusqu'à l'absurde.

Reprenons la chaîne des vieilles époques, où la société indécise, sauvage, incivilisée, donnait le droit de vie et de mort, facultativement, du père sur le fils, du peuple sur la femme adultère; époque du droit pénal que l'on pourrait appeler le *droit de nature* — s'inspirant des instincts brutaux de l'occasion; se vengeant du sang par le sang.

Reviendrions-nous à ces temps primitifs où le
peuple faisait une roche tarpéienne par l'entasse-
ment de pierres vengeresses, accumulées sur le
corps d'une fille parricide ou bien lapidait la
femme adultère ? Donnerons-nous, de nouveau, le
droit de vengeance spontanée à des hommes civi-
lisés ?

Pourrait-on considérer comme une sanction pénale cette espèce de *peine du talion* infligée, de
sang-froid, au grand jour, comme une sorte de
droit de légitime défense accordé à la société tout
entière contre l'assassin?

Supposez, en nous reportant à la triple classi-
fication d'assassins dont nous avons examiné la
physionomie, supposez les faits suivants :

L'assassin *par passion* a tué sa maîtresse, et la
peine de mort étant abolie, il est destiné, le jury
l'ayant déclaré coupable, à survivre à celle qu'il
a tuée.

Or, cette pauvre jeune fille avait un père, une
mère, un frère...

Un de ces défenseurs légitimes de l'infortunée
victime se présente, lui, devant l'assassin, et le
tue... Quel est le jury qui le condamnera?

Ces deux assassins *par brutalité*, ces deux bêtes féroces qui ont assassiné sans avoir d'autre but que d'assouvir leur sauvage instinct, seraient tués par la foule elle-même... Quel est le jury qui condamnerait la foule?...

Ces deux docteurs, les *Dandys* de *l'empoisonnement*, seraient frappés par la main d'un père, d'un frère de la victime... Quelle instruction supporterait l'examen?

Ce système de droit pénal, tout en se rattachant à la brutalité des spontanéités primitives, laisse la pensée indécise : on se demande si la faculté souveraine de ce *meurtre légal* ne serait pas le correctif le plus puissant contre les futurs assassins. Nous cherchons; nous creusons toutes les hypothèses, pour arriver, s'il est possible, à une solution.

Sans aucun doute, en pratique, ce droit présenterait des difficultés qui au premier abord, paraissent insolubles, et l'on se demande, cependant, si cette sanction terrible n'aurait pas des conséquences salutaires.

L'assassin qui risquerait de se voir frappé légitimement par une vengeance impunie ne s'arrêterait-il pas devant une crainte qui ne lui laisserait pas un instant de repos ?

Les assassins, quelles que soient les causes de leur crime, ne sont dans la société que des bêtes féroces. Donner à tous le droit de leur infliger la mort qu'ils ont donnée, n'est-ce pas placer devant le corps de toute victime l'imminence d'une sanction qui détournerait l'arme préparée pour l'assassinat ? ne serait-ce pas l'épée de Damoclès des assassins ?

La légitime défense est la plus juste et, en même temps, la plus terrible de toutes les lois.

N'y a-t-il pas là quelque analogie avec ce droit si légitime ?

Nous le répétons : on peut s'écrier que nous remontons aux temps primitifs ; que cette action de tuer froidement, après l'effet terrible du crime commis, est impossible ; que personne n'aura cette lâcheté, que c'est là un fait sauvage : que d'ailleurs l'échafaud est absolument la même chose, puisque le droit de tuer constitue la peine de mort ; la faculté de se venger, remise à des intéressés, n'est que la peine de mort déguisée.

Nous avouons que ces objections ont quelque chose d'exact, sinon de péremptoire.

Nous ne faisons, d'ailleurs, qu'enregistrer ici les idées que nous sont suggérées par l'examen des systèmes divers qui ont préoccupé les criminalistes.

Il en est qui sont encore partisans de la peine capitale, mais qui espèrent la voir abolie : ceux-là prétendent qui si le spectacle de l'exécution a quelque chose de terrible, ce n'est, à tout prendre, qu'un spectacle offert à la curiosité brutale du peuple. Ils voudraient que l'exécution se fît pour ainsi dire à huis clos ; que les membres du jury qui ont condamné le coupable assistâssent seuls à cette exécution, en présence des magistrats commis à cet effet.

Cette mort sombre, sans spectacle possible, et dont la garantie légale serait couverte par la présence du jury, serait une sanction moins solennelle peut-être, mais plus efficace, par cela même que la publicité en serait proscrite.

Essayons : faisons, pour quelque temps, l'application d'une loi, abolissant la peine capitale et lui substituant plusieurs peines, étudiées, en vue de torturer le moral de l'assassin par la claustration et le remords.

Peut-être alors, le public spécial dans les rangs duquel se recrute presque toujours le personnel de l'assassinat, sera-t-il plus profondément impressionné par ce terrible châtiment que par la scène dramatique de l'échafaud dont les assassins font presque toujours une tribune, et quelquefois le piédestal de la vanité dans le crime.

XVIII

Nous ne dirons rien dans ce livre de l'*infailli-bilité du jury* et de l'*erreur judiciaire!*

L'exécution de Lesurques a jeté sur les pages du Code pénal une tache de sang ineffaçable... dût-on (ce qui devrait être fait depuis longtemps!) proclamer la réhabilitation de ce *martyr de l'écha-faud!*

L'Angleterre, au moment même où nous écrivons ces lignes, frémit d'horreur en songeant à l'homicide légal qu'elle allait commettre, tout récemment, sans une révélation spontanée!

Que dire sur des faits pareils, sinon qu'il faut écrire cette terrible vérité que :

« La peine de mort peut quelquefois être elle-même un assassinat !

DE

LA CONTRAINTE PAR CORPS

LA CONTRAINTE PAR CORPS

I

— Tout le monde sait qu'il y avait, dans l'ancienne Rome, une disposition de la loi des XII Tables, chapitre *De nundinis,* qui donnait à un créancier le droit de vie et de mort sur son débiteur.

Comme ce créancier pouvait proportionner ce droit à sa dette, lui donner l'extension facultative à laquelle il posait lui-même une limite, à raison de l'importance de sa créance, il pouvait couper, rogner, dépécer le corps de son débiteur, à son gré.

Si bien que cette faculté terrible passant, de l'ancienne Rome à la Venise du moyen âge, le marchand Shylock trouva dans un juge un correctif à cette atrocité :

Pouvant prendre sur le corps de son débiteur une livre de chair, il lui arriva de renoncer à son droit, parce que le magistrat le condamna à mort pour le cas où il se tromperait : *ni plus, ni moins* qu'une livre de chair ! telle était la sentence. Le vieux Shylock fut battu... et la loi des XII Tables fut effacée à jamais.

Nous n'avons pas besoin, dans notre siècle, de faire ressortir tout ce qu'il y avait de sauvage dans cette loi.

La mort pour une dette non acquittée, et souvent par suite d'un obstacle invincible ; le droit souverain de disposer de la vie d'un semblable, d'arrêter les battements de son cœur, parce que souvent ses spéculations ont avorté, malgré tous ses calculs, fussent-ils parfaitement fondés ! En vérité, l'on se demande comment les grands législateurs de l'ancienne Rome avaient écrit une pareille loi. Eh bien ! cette loi terrible, sauvage, digne des temps barbares, elle est encore debout. Elle n'a pas le caractère nettement brutal de la loi des XII Tables; elle est plus hypocrite — mais elle existe de nos jours; et elle comporte tout autant de sévices que la loi Romaine.

Il est vrai que la mort physique n'est pas écrite dans la pénalité, et que, dans un siècle où l'on se préoccupe de l'abolition définitive de la peine de mort, le rétablissement de la loi des XII Tables, telle que l'ont édictée les Romains, n'aurait aucune chance.

Mais, le droit de saisir le corps, la main mise de l'agent légal, aidé de ses acolytes, sur le débiteur, est un droit odieux et dont l'effet est, encore, tout à fait l'opposé des vœux du législateur : Le déshonneur stérile de cette pénalité n'est plus une sanction ; c'est un abus sans dignité et sans utilité pour personne.

II

Nous croyons qu'il nous sera facile de prouver que la contrainte par corps n'est que le signe légal d'une humiliation qui ravale l'homme et peut l'habituer à l'indignité de soi même ; et, en outre, que l'exercice de ce droit souverain est appliqué, sans aucun effet direct.

Elle est donc :

Indigne d'un état libre, où la personne des citoyens est quelque chose ;

Immorale, parce que les causes les plus fréquentes de l'application de cette mesure draconienne ont pour élément l'usure comme convoitise, la débauche comme inspiration, et que la légèreté la plus coupable en dicte le contrat.

Anormale, parce que, nécessairement le débiteur incarcéré, malgré les efforts qu'il aura dû faire pour empêcher cette catastrophe, sera mis, par son créancier, dans l'impuissance absolue de trouver les ressources et les éléments nécessaires à sa libération.

Pour bien juger cette question, nous suivrons la même méthode que nous avons suivie plus haut, en ce qui concerne la peine de mort :

Nous classerons les débiteurs soumis à la contrainte en plusieurs catégories ; nous examinerons les causes de leur situation spéciale ; et nous verrons si la sanction que le législateur s'est proposé de trouver contre ces débiteurs est efficace ; toute sanction reconnue inutile devant être nécessairement effacée de nos codes.

III

Nous ne venons pas discuter ici la question purement légale, c'est-à-dire celle qui résulte du texte précis de la loi qui détermine le cas de contrainte par corps, soit en matière civile, soit en matière commerciale :

Le législateur, par le caractère même des faits pour lesquels est prononcée la contrainte par corps, en matière *civile*, a été préoccupé d'un sentiment sérieux, presque légitime, à savoir d'infliger une sorte de peine à un délit.

Le stellionat (2059 C. c.), le dépôt nécessaire; la réintégrande d'un fonds dont le propriétaire a été dépouillé par voies de fait; la répétition de deniers consignés entre les mains des personnes publiques établies à cet effet ; la représentation des choses déposées aux sequestres, commissaires et autres gardiens ; les cautions judiciaires, et les cautions de contraignables par corps, lorsqu'elles se sont soumises à cette contrainte ; la faculté de forcer les officiers publics de représenter leurs minutes, quand ils en reçoivent l'ordre ; l'obligation imposée aux notaires, avoués et huissiers, de restituer les titres qui leur ont été confiés et les deniers par eux reçus pour leurs clients par suite de leurs fonctions, toutes autres mesures relatives à l'obligation de désemparer un fonds, et celle relative à la représentation du cheptel et des instruments aratoires, à la fin du bail (art. 2060 — 2062 C. c.) ; toutes ces causes qui ont servi à l'adoption de la contrainte sont, on le voit, entachées d'un caractère délictueux que l'on ne peut récuser ; et dans ce cas, c'est non pas le débiteur mais l'homme de mauvaise foi, coupable d'un délit, qui se trouve soumis à l'action d'une loi pénale.

Nous ne voulons pas attaquer le principe de la contrainte dans ces applications spéciales.

Mais, nous croyons que, même dans ces cas-là,

les Tribunaux *civils* devraient être dessaisis du droit de prononcer la contrainte ; une fois la question du fait déterminée, le délinquant forcé :

Soit de restituer l'immeuble ; soit de payer les fermages ; soit de restituer le cheptel, etc., etc... devra, pour le fait seul qui entraîne pour lui la décision du tribunal civil, être soumis à la juridiction du tribunal correctionnel qui prononcera contre lui la *peine* de la contrainte par corps.

Si, pour ces faits de mauvaise foi, la loi n'a pas été d'une rigueur assez grande, en ce sens que la sanction prononcée n'emporte aucun caractère correctionnel ou pénal, le législateur, déclarant que les dettes n'entraînent pas la contrainte, peut se montrer plus sévère en ce qui concerne la mauvaise foi.

Ce n'est plus ici le débiteur, c'est le délinquant que la loi punit.

Le principe fondamental de toute pénalité doit adoucir essentiellement le législateur qui est responsable du meilleur moyen de donner satisfaction au droit du créancier.

L'individu doit être protégé par la loi pour recouvrer une créance, à la condition bien entendu qu'elle soit *légitime ;* et la société doit punir celui qui, le sachant, commet un acte frauduleux soit en s'engageant, soit en cherchant à se soustraire au payement de sa dette.

IV

La première préoccupation du législateur en
cette matière si délicate que l'on nomme une dette,
doit porter, tout d'abord, sur le caractère même
de cet engagement.

Tout contrat entaché de violence, de fraude,
d'impéritie ou d'inexpérience ne doit pas être
placé sur la même ligne que le contrat honnête,
probe, sérieux.

De cette vérité découle nécessairement l'obligation d'examiner le point de départ du contrat spécial dont nous nous occupons.

Et s'il est vrai que tout se soit accompli dans

les formes, avec toute la solennité, la loyauté nécessaires, c'est alors, mais seulement alors que la loi doit prêter son concours, sa sanction au créancier.

V

Or, est-il vrai que toutes les créances soient entourées de cette garantie morale?

Évidemment non.

Voyons : quelles sont les nuances les plus tranchées, les plus saisissantes des intentions générales de créancier à débiteur?

Le premier, possesseur d'un capital palpable, effectif, en monnaie ayant cours, l'engage contre des garanties plus ou moins solides, et comportant, toutes et chacune, un caractère plus ou moins aléatoire.

Cet état, cette chance, cette *alea* forment la base du droit du créancier, en ce qui concerne son bénéfice. Aussi, presque tous les pays qui se rendent un compte exact de la situation réelle des chances aléatoires en matière d'emprunt, sont-ils d'accord sur ce fait que : l'argent est une marchandise comme une autre; et que le taux, corespectif de l'*alea*, doit être plus ou moins élevé.

Cela est si vrai que souvent une somme médiocre, employée habilement, produit un bénéfice décuple, centuple même, de la mise de fonds primitive : et il ne serait pas équitable de voir l'argent prêté, moteur principal du bénéfice dont il s'agit, ne pas profiter au prêteur.

Donc, (et nous pourrions en accumuler les causes), l'intérêt accordé pour une somme prêtée devant être proportionnel, en cas de bénéfice, ne peut être soumis à la chance d'une perte totale, en cas d'insuccès ou d'insolvabilité du débiteur.

Mais il est essentiellement nécessaire que la cause de l'emprunt soit, (ainsi le veut la loi de toute convention), morale et d'un avenir à peu près certain.

Toute créance doit donc, pour mériter la protection de la loi, reposer moins sur la question de solvabilité du débiteur que sur la question de la moralité de l'engagement.

Si l'on nous accorde ce point, nous prouverons que la contrainte par corps ne peut pas être une garantie, et n'est qu'une indignité, une atteinte portée à la personne.

En effet, sur qui frappe la contrainte, à part les cas où elle s'applique, en matière civile, selon les dispositions précitées des articles 2062, etc., du code, cas auxquels la contrainte prend un caractère particulier de pénalité implicite?

La loi dit qu'elle s'applique en matière commerciale, sur dettes contractées *entre commerçants.*

Puis, à côté de cette disposition odieuse, selon nous, la loi, s'occupant des faillites, permet au débiteur qui dépose son Bilan de jouir complètement de sa liberté :

Et, voyez la contradiction : du moment qu'un commerçant suspend ses paiements, ou même laisse un de ses effets protestés, il peut être mis en

6

faillite, — partant pour lui, la liberté, — en sorte que si l'on pousse l'argument jusqu'au bout, la contrainte par corps, créée en faveur du commerce, et n'étant *applicable*, en réalité, que pour des faits qui doivent se passer entre commerçants, n'est pas *appliquée* contre des commerçants sérieux, lesquels doivent être sous le coup de la faillite s'ils ne remplissent pas leurs engagements.

Évidemment, l'anomalie est flagrante.

Faite contre les commerçants, la contrainte par corps devient un leurre, une menace toute stérile, à laquelle les commerçants peuvent très-aisément se soustraire par la déclaration de faillite qui est la conséquence légale du non paiement de leurs traites, billets à ordre ou effets de commerce.

D'où il suit que si un fils de famille accepte une lettre de change, laquelle, *dit-on*, est un titre commercial, le voilà pour une somme de deux cents francs passible d'une peine à laquelle peut se soustraire un véritable commerçant en regard d'un passif de plusieurs centaines de mille francs, de millions même !

Les Juges consulaires, chargés de prononcer les jugements, entraînant la prise de corps, ne sont pas assez circonspects dans l'appréciation du titre. On allègue pour excuse que, le nombre des billets à ordre et traites, sur lesquels les tribunaux de commerce sont appelés à statuer est énorme ; et que le temps manquerait aux juges, s'ils avaient autre chose à constater que ce que nous nommerons le *signalement* du titre.

Quand une traite est fictive comme cela arrive la plupart du temps, lorsque le prêteur fait de la contrainte par corps la garantie principale de son emprunt, souvent léonin et usuraire, la présence sur une traite des circonstances caractéristiques du commerce, c'est-à-dire la différence, de places, constatée par la *lettre de change*, la forme de l'acceptation, la notoriété de la profession des endosseurs commerçants et connus comme tels, la différence des domiciles, toutes circonstances qui constituent l'apparence d'un effet de commerce suffisent aux magistrats (à ce qu'ils disent), pour supposer l'existence d'une transaction vraiment commerciale.

Nous pourrions dire comme l'Alceste de Molière :
» ... *Le temps ne fait rien à l'affaire...*»
Si la traite comporte parmi les signataires des

personnes non commerçantes, il est clair que le caractère principal du titre, en ce qui concerne ces personnes, est détruit, et que le caractère de la poursuite doit être modifié : commerciale, contre les commerçants, civile, contre les non commerçants. Et cela est d'autant plus vrai que la qualité de commerçants est *sui generis* ; qu'il ne suffit pas de faire un acte de commerce pour être revêtu de cette qualité ; que l'on ne peut facultativement, capricieusement, être revêtu ou se dépouiller de ce caractère ; que des charges spéciales, telles que la patente et l'admission à la triste faculté de se déclarer en faillite, sont des prérogatives qui n'appartiennent pas à des non commerçants.

Il en est de cela comme du *statut personnel :* la résidence d'un citoyen dans un pays étranger ne le dépouille pas de sa nationalité ni de ses droits de citoyen de sa patrie : la situation exceptionnelle, par un fait d'achat ou de vente, constaté sérieusement ou non sur un titre de forme commerciale, ne crée pas un commerçant.

Il est vrai que la jurisprudence s'est souvent mise d'accord avec la raison pour décharger de la contrainte par corps les signataires de traites, ayant forme commerciale, mais la contrainte, signifiée, et quelquefois même acceptée par un acquiescement au jugement donné par le débiteur lui-même est exercée *nonobstant appel*. C'est une mesure conservatoire de première nécessité, lorsque le droit de l'exercer est légitime; mais c'est un sévice légal, lorsque le signataire de la traite n'est pas commerçant. Il est évident que cette arrestation ressemble à celle qui serait opérée sur une personne dont l'identité ne serait pas constatée : c'est un manque d'identité légale : et le scandale de l'arrestation étant produit, le débiteur, découragé, paralysé, compromis, ne prend nul goût à se soustraire à l'action de la contrainte.

Le mal est fait.

L'atteinte à la dignité de l'homme est flagrante.

Il est donc évident, irrécusable que le principe même de la loi qui a amené le législateur à laisser susbsister dans nos codes l'exercice flétrissant de la contrainte par corps, c'est-à-dire la *commercialité*, manque à celles des traites qui ne sont que des engagements purement civils.

Nous n'avons pas besoin de faire le relevé des écrous de la prison pour dettes : la plupart des détenus ne sont pas commerçants.

VII

L'exercice de cette mesure est-elle un moyen d'assurer au créancier le paiement de la dette?

Avant l'écrou, cela est possible, mais à certaines conditions :

Ainsi, l'on conçoit que, s'il s'agit d'une dette de peu d'importance, la famille du débiteur fasse un sacrifice pour lui épargner les conséquences d'une arrestation. Il arrive souvent qu'un ami, chez qui vient frapper le garde du commerce, laissant à sa porte le débiteur, incarcéré préventivement dans un fiacre, et gardé à vue par deux employés de l'officier ministériel, vide le fond de sa bourse pour rendre à l'ami sa liberté; mais, ce n'est là qu'un cas exceptionnel, rare en pratique, et qui, d'ailleurs, ne peut pas affranchir le débiteur du scandale qui a couvert son arrestation.

L'arrivée, matinale, du garde du commerce, accompagné du commissaire de police et de ses agents, commence par produire chez le débiteur, au seuil même du foyer domestique, un déplorable scandale.

Chez nous, la forme même des maisons que nous habitons, se prête merveilleusement à l'exploitation de ce sévice, de cette force supérieure : la mauvaise impression, précurseur de la mauvaise renommée.

En Belgique, en Angleterre, le foyer domestique est un véritable asile pour la vie privée :

La famille qui l'habite, seule, sans voisin, sans ce concierge banal qui devient, en France, le centre de la chronique scandaleuse des habitants de la même maison, est *chez elle :* Elle peut cacher les plaies intimes ; les serviteurs eux mêmes, travaillant seuls dans la même enceinte, finissent par devenir des membres de la famille ; et l'on peut ordinairement compter sur une discrétion qui ne rencontre pas d'agent provocateur, dans les bas-fonds de ces *conciliabules de loge* où se révèlent à l'envi les petits mystères des cinq ou six étages de la même maison.

En Belgique, en Angleterre, on peut cacher, jusqu'à un certain point, la poursuite exercée, le papier timbré, ce stigmate inexpliqué qui détruit, souvent bien injustement, le crédit du locataire. On peut même couvrir du voile d'une certaine discrétion le scandale d'une contrainte par corps.

Mais, en France, l'entrée seule des agents judiciaires, chargés de l'exercice de la contrainte, suffit pour détruire, de fond en comble, le crédit du débiteur, crédit déjà compromis par les préliminaires de la procédure.

Nous pourrions, ici, développer bien longuement ce que nous ne pouvons qu'effleurer dans cette monographie : les voies et moyens employés bien souvent par la malveillance ou la haine pour porter atteinte au crédit de l'homme le plus honnête et même le plus solvable.

Un des moyens les plus efficaces, et qui ne repose parfois que sur un préjugé, c'est la poursuite judiciaire.

Uu protêt, une assignation, la signification d'un jugement par défaut ou même contradictoire, le commandement tendant ou non à la contrainte, tombés entre les mains d'un tiers, d'un domestique, et surtout de cet argus intéressé (le concierge) qui ne proportionne le crédit de son propriétaire ou de ses locataires qu'à l'importance plus ou moins grande de leurs gratifications ; tous ces actes, jetés par l'huissier, en courant, sont autant de petites plaies saignantes sur le corps de la vie privée.

Le coquin riche qui paie largement et sans compter est, aux yeux de ces spectateurs de la loge, le *plus brave homme* qui existe au monde ;

L'honnête homme, le lutteur infatigable, victime d'une faillite, ou d'un point d'honneur, dont l'existence est un rude et vaillant combat, n'est qu'un coquin, un misérable, s'il a le malheur de se laisser réclamer plusieurs fois, avec une hauteur insultante, une malheureuse dette criarde... qu'il n'a pu solder, parce qu'il avait à nourrir une femme et des enfants, sans ressources, et sans pain !

La France est, sans contredit, le pays le plus

mal organisé, par ses mœurs banales, par ses habitations-place-publique, par l'émulation surexcitée des indiscrets nécessaires, serviteurs de toutes sortes, commis, employés, relations, commensaux de tout ordre : la France est un *forum de scandales*, en flagrant délit perpétuel de calomnies ou de médisances : c'est à dire la nation la plus vulnérable aux agressions de l'inimitié, de l'envie, de la haine ; c'est à dire la moins apte à réglementer ses mœurs de façon à y protéger, avant tout, la dignité dans la vie privée.

VIII

Donc, avant même que le débiteur soit placé sous l'écrou de la prison pour dettes, le scandale causé par la procédure et par les préliminaires de l'arrestation est une atteinte profonde à son crédit. Le créancier est bien mal protégé, selon nous, par une *plaie légale* qui se reporte, déchirante et saignante, sur le corps et sur le crédit de son débiteur.

Mais si cela est vrai lorsque le débiteur n'est pas encore écroué, que sera-ce, lorsque les tentatives faites pour empêcher l'arrestation de suivre son cours, auront échoué?

Que se passera-t-il, après l'écrou?

IX

La société, selon nous, commet de singulières contradictions ; son système pénal repose sur d'étranges malentendus :

Elle a institué des prisons, pour punir, probablement, les détenus, en les privant de leur liberté, en les assujettissant à des privations, à des travaux, à des peines physiques ou morales ?

Or, il n'est pas un criminaliste qui, s'étant rendu dans une prison pour dettes, n'en ait rapporté l'impression que voici :

Le débiteur est désespéré le jour de son arrestation.

Les premières heures se passent dans une anxiété poignante.

Si le garde du commerce est doué de quelques sentiments humains, le débiteur trouve auprès de lui quelque allégement à ses angoisses.

La comparution en *référé* et les paroles bienveillantes du Président; le sursis accordé pour cette recherche souvent stérile de l'argent nécessaire; la nouveauté des impressions; un déjeuner sommaire avec l'officier ministériel; et puis cette seconde nature dont l'assimilation est si prompte... l'habitude; les désillusions que donne la démarche stérile auprès d'un ami; le refus implacable du créancier que rien ne touche; les réflexions très-philosophiques auxquelles vous livre cette grande loi morale : la résignation! enfin une sorte de dignité révoltée contre la loi même, odieuse, inique aux yeux de la victime; cette consolation qu'inspire le travail de la comparaison entre la position du débiteur ainsi poursuivi, et le failli qui se joue de ses créanciers : tout cela donne au prisonnier pour dette un courage factice qui l'accompagne dans sa cellule.

Là, se trouvant seul lorsque l'heure d'éteindre

la bougie a sonné, lorsque le tour des serrures s'est
fait entendre, le débiteur, las de sa journée, s'en-
dort.

Le lendemain, il se réveille, triste d'abord;
mais il apprend que le personnel de ses compagnons d'infortune ne se compose ni de scélérats
ni d'aigrefins : comme lui, ce sont des fils de famille, entraînés par leurs passions et ruinés par
les enfants d'Israël; d'ailleurs la vie de la prison
est douce ; elle peut être luxueuse. Le prisonnier
sui generis de Clichy peut, selon ses ressources,
faire orner sa chambre, prendre des repas succu-
lents, recevoir ses amis, et boire, le verre de cham-
pagne à la main, à la prospérité du cruel créancier
qui payera, chaque mois, son écot, et qui, certain
désormais de ne pas être remboursé, se donnera
la triste satisfaction de tenir son débiteur sous les
verroux, à ses propres frais. Y a-t-il dans cette
mesure, une pénalité sérieuse ?

Il suffit, pour se rendre compte de la stérilité
de ce moyen, de visiter la prison.

Les hôtes de cette retraite sont bientôt consolés
de la privation provisoire de leur liberté ; la régularité de l'existence même devient pour eux

une habitude qui n'est pas sans charme ; les débiteurs se consolent entre eux ; c'est une sorte d'association conventuelle de viveurs, jouant, faisant de la musique, recevant des visiteurs qui, chaque jour, leur apportent des nouvelles fraîches du dehors : non, ce n'est pas là le moyen d'imposer une sanction pénale à l'inexactitude dans les engagements pris.

X

Le créancier croit-il donner au débiteur un moyen de s'acquitter par l'emprisonnement? Poser cette question, c'est la résoudre :

Il est évident que le débiteur emprisonné se trouve dans l'impossibilité absolue de trouver des ressources pour payer son créancier.

Comment le pourrait-il?

Son crédit est complétement détruit.

La faillite, suivie d'un arrangement, donne au commerçant, libre d'ailleurs de ses actions, une situation toute nouvelle. Son passif est déterminé. il est réduit à des proportions connues, définitives.

Ses créanciers deviennent, en quelque sorte, des associés implicites pour ses affaires. Ils sont inté-

ressés à son succès ; bien des fois, loin de paraly-
ser leur débiteur en l'incarcérant, ils viennent à
son secours ; et, souvent un failli qui a fait preuve
d'intelligence dans sa profession, trouve dans son
créancier lui-même, un bailleur de fonds pour re-
commencer, sur nouveaux frais, des opérations qui
sont jugées malheureuses, malgré son habileté
personnelle.

Mais le débiteur sur qui s'est fermée la prison
pour dettes... que peut il faire? Rien. A quel
travail utile peut-il se dévouer? A aucun. Qui peut
lui prêter son concours? Personne. D'où il suit
évidemment que la prison pour dettes ne reméd'e
pas au mal.

Le débiteur est frappé de paralysie : son avenir
peut être détruit ; et son présent est complétement infructueux.

Parlerons-nous du découragement qui s'empare
de lui ?

Des mauvaises relations qui s'ouvrent pour lui
dans la prison ?

Parlerons-nous des catastrophes irrémédiables
qui souvent sont la conséquence de cette déplorable et stérile arrestation ?

Combien d'hommes désespérés qui se sont sui-
cidés, au moment où le garde du commerce posa
la main sur eux.

Combien de femmes, frappées à mort, sous
l'impression de ce malheur privé?...

Parlerons-nous enfin des victimes accessoires
de là contrainte par corps?

Un père de famille ne peut subvenir aux frais
d'entretien de sa femme et de ses enfants : les
chômages, les pertes d'argent, les maladies ont
arrêté, tari ses ressources... Il doit ; l'échéance
arrive ; la dette s'élargit ; la plaie devient incurable ;
on arrête le débiteur : et voilà que la compagne
dévouée de sa vie, ses enfants, sa vieille mère, se
trouvent, tout à coup, privés du seul soutien qui
les fait vivre !

Est-elle morale, cette mesure qui n'engendre ni
ressource de sauvetage, ni réhabilitation, ni amélioration? Quel bénéfice la société peut-elle tirer
d'une pareille loi, puisque le créancier lui-même
a détruit de ses propres mains l'élément de sa
liquidation?

XI

La peine de la contrainte par corps n'est ni sanc-
tionatrice, ni morale, ni utile.

Elle n'est pas une peine;

Elle n'inspire aucun respect ; elle entretient la
haine;

Elle ne sert à aucune réparation sérieuse ;

Elle évoque les souvenirs des lois les plus sauvages ;

Elle augmente le mal matériel ou moral;

Elle est fausse, comme ne s'appliquant presque
jamais à l'objet même de sa destination;

Pourquoi donc la maintenir? Non, les législateurs qui se préoccupent d'élever l'homme au niveau de sa dignité réelle, ne peuvent laisser subsister plus longtemps une plaie légale aussi monstrueuse dans notre corps social.

DE

LA SÉPARATION DE CORPS

ET

DU RÉTABLISSEMENT DU DIVORCE

DU MARIAGE

NÉCESSITÉ DU DIVORCE

I

— Un contrat quelconque, une convention de
peu de valeur, sont considérés comme nuls pour
plusieurs circonstances fort simples, du reste, et
pour lesquelles la loi n'est que l'organe du sens
commun. Il faut que les parties aient conscience
de leurs actes ; il faut que l'objet de la convention
soit bien connu, bien déterminé ; et le scrupule
des législateurs est si grand que les contrats qui

n'ont pas de limite assignée, ou dont la formule ne prévoit pas la solution dans un délai fixé d'avance, sont considérés comme étant contraires à la raison et au droit.

Or le contrat le plus grave, le plus décisif, dans la vie d'un homme, celui qui tient renfermé dans ses plis le bonheur ou le malheur, dans les arcanes duquel se cache parfois le crime même!... *le mariage*, est conclu, signé, exécuté, fixé en France, avec une légereté que rien n'égale.

La cause de cette légereté même est, selon nous, dans les dispositions impérieuses qui rendent ce contrat irrévocable.

II

Nous voulons, ici, démontrer que *sans le divorce,* le mariage, tel que la loi française l'a institué, devient presque toujours un élément de scandale, une consécration du malheur domestique, l'influence la plus directe de la mauvaise éducation des enfants. Cette assertion sévère, rigoureuse, implacable, sera démontrée par les *faits,* dans les considérations qui suivent : nous défions un jury composé de la quintessence des hommes probes et honnêtes qui nous liront de ne pas partager complétement notre opinion.

Voyons, d'abord, comment se font, se fabriquent, se *bâclent,* (qu'on nous permette cette trivialité), les mariages en France?

On peut les classer en trois catégories :

On se marie,

1° *Par convenance ;*

2° *Par sympathie ou par amour ;*

3° *Par devoir.*

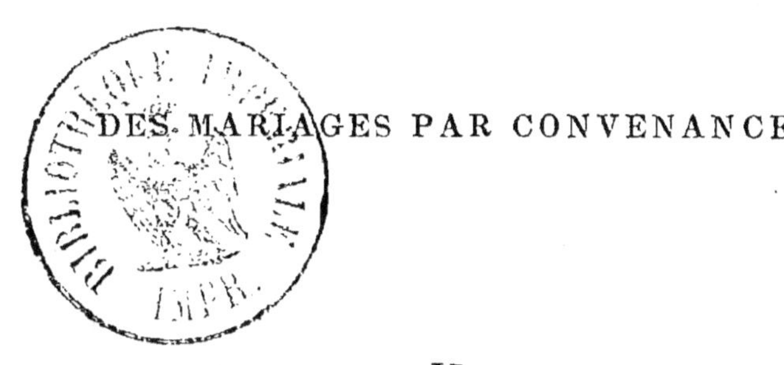

II

Les mariages *par convenance* sont des mariages de position.

Dans certaines familles, l'idée de l'avenir pour ses enfants procède de la vanité du cœur : Et comme c'est chose très-goûtée que de s'assurer, pour ses vieux jours, les jouissances honnêtes de ce qu'on nomme : *les relations et les habitudes ;* il arrive presque toujours, dans ces familles privilégiées, que l'éducation développe chez les enfants, les inspirations dynastiques, insufflées par les ancêtres, dans l'esprit assez malléable des neveux et arrière-neveux.

Une grande fortune permet ce genre d'éducation atonique qui façonne des étalons destinés par mariage à continuer certaines races : tout cela se prépare doucement, méthodiquement, pas à pas, année par année, jour par jour ; c'est le privilége de la fortune qui permet à ces compartiments de la vie de se classer, de se caser ; de faire des époux et épouses machines : on a, pour cela, la vie de l'hôtel dans l'hiver ; petites soirées confites, sous la présence et direction des abbés, initiés, dès l'enfance des fils ou filles de famille, aux projets de mariage dont s'agit : rien de plus charmant, de plus congratulant, de plus alléchant, au yeux et sous les soupirs des arrière-tantes, des grand'mamans et des grands parents que les petites naïvetés de l'enfance, préparant les gentillesses de l'adolescence, entre deux cœurs l'un à l'autre destinés, de par les convenances de famille.

On a encore, pour cela, la vie de château, les promenades à cheval, les comédies, charades ou proverbes derrière les paravents, les longues soirées de whist, de piano, de dames, dans le grand salon ; le tout décent, froid, surveillé, un peu mystique, d'ailleurs fort honnête, complétement ina-

nimé, sans aucune passion, préparation-formule
à ces unions qui s'exécutent un beau jour, sans
presque rien changer à la situation antérieure :
exécution très-simple d'une association à laquelle
il ne manquait que la pose d'une couronne de
fleurs d'orangers, une chaise de poste, un voyage
dès longtemps prévu, et le retour, également
prévu, suivi d'une naissance qui est le complé-
ment final, constituant pour les ancètres, présents
et bénissants, le devoir accompli, et l'heureuse
faculté de pouvoir se croiser les bras, en s'écriant :
« Aux autres, désormais, l'œuvre à continuer. »

Il existe aussi d'autres mariages de *convenance*.

Ce sont les mariages *d'argent*.

Tantôt, ce sont des dynasties financières qui, renfermant dans le cercle de leurs alliés les sommes qui composent l'énorme actif de leur vaste association, veulent réaliser, ont fait serment de réaliser, et réalisent, de nos jours, une noblesse métallique qui est douée d'une puissance presque sans limites.

Si l'on suppose que des capitaux considérables composent l'actif d'une société de quatre ou cinq frères se partageant les places les plus importantes du crédit universel, l'on arrive facilement à se rendre compte du *paroli* financier, résultant de cette association;

Mais, si l'on suppose que les intérêts de famille viennent s'ajouter aux intérêts d'affaires; et si sous la forme de *crédit ouvert*, dot des mâles, — et d'un actif métallique en nature, dot des femelles, — de nouvelles branches se ramifient au tronc central des cinq frères; si le travail s'ajoute au travail ; les affaires à *coup sûr* aux affaires à *coup sûr*; on comprend la puissance énorme, sans bornes, qui doit résulter de pareilles ramifications financières.

Et certes, une fois admise cette donnée parfaitement philosophique que l'or est le plus puissant moteur du monde, l'on comprend parfaitement que ces familles financières se donnent l'agréable tâche de se créer des héritiers et des héritières destinés à composer de nouvelles ressources pour augmenter l'actif de l'association : on comprend qu'il est indispensable de se circonscrire dans les mêmes rameaux, de ne pas introduire d'éléments étrangers qui ne seraient qu'un *alliage* inutile à mêler à *l'or* de la grande dynastie ; et certes, le calcul de ces financiers, dont le luxe est, en outre, de nature à écraser la froide dignité de la noblesse de naissance, n'est pas, le moins du monde, déraisonnable.

D'ailleurs, il se peut faire que, par-ci, par-là, le cousin fiancé, la cousine choisie soient d'agréables personnes : cela se rencontre même plus souvent, il faut le dire, dans les dynasties financières que dans les autres, parce qu'il y a là deux éléments qui embellissent : le travail et le mouvement. Dans ces existences princières de la finance qui domine le monde, qui tient sur son grand livre la fortune publique, qui peut se dire avec un certain sentiment d'orgueil légitime : »

C'est mon crédit qui développe ces nations appauvries ; c'est mon argent qui patronne ces industries fertiles ; c'est moi qui, chaque jour, tiens le bilan de certains peuples ; » certes, dans ces existences là, il y a l'élément d'une vitalité qui développe les corps par le bien être et le luxe, l'esprit et la pensée par ces grands calculs, ces grands jeux humains, dont le travail et le progrès sont les pôles dominateurs.

— Mais descendons l'échelle des mariages *de convenance* :

La plus triste espèce de ce genre est celle qui fait d'une femme l'appoint d'une étude de notaire, d'une étude d'avoué, ou de la charge d'un agent de change !

Vous êtes laid, malpropre, sans esprit : vous êtes le fils d'un brave homme de maçon, d'agriculteur ou d'épicier, ayant une petite somme devant lui. On vous enfouit dans une étude. Là, vous passez les plus belles années de votre vie à gratter du papier timbré, selon le formulaire invariable que vous copiez et recopiez sans cesse. Vous ne pouvez vous flatter de rencontrer dans ce pénible, honnête et stupide travail rien qui puisse

vous faire analyser le cœur humain ; et pourtant,
chose étrange, vous êtes destiné à présider à la con-
fection des actes les plus graves de la vie : à un
contrat de mariage, base de bonheur ou d'infortune ; à un acte de société, fondement de la richesse
ou de la ruine ; à un testament, titre de délicatesse
suprême, sorte de sanctuaire où va se cacher toute
l'âme, toute la philosophie du testateur.

Eh bien ! tout cela, c'est pour vous de la clien-
tèle ; rien de plus, rien de moins. Et vous voilà
tout d'un coup, passant du fauteuil de cuir noir
de second et de premier clerc au fauteuil de ve-
lours de patron… transformé, par la volonté paternelle, en confesseur légal des familles, dépo-
sitaire des plus grands secrets.

Jusque-là, c'est fort bien. Mais, d'où vient que
pour occuper ce poste, éminemment moral et in-
tellectuel, il vous faille absolument une grosse
somme d'argent? et pourquoi faut-il que vous de-
viez cette somme à la compagne de votre vie?

Par une raison toute simple : c'est que l'agiotage s'est glissé par tout ; que les professions qui
naguère ne pouvaient être que l'apanage d'hommes
modestes, dévoués à une vie de travail, sans luxe,

sorte de sacerdoce civil, ne s'inspirant que d'une responsabilité sérieuse, religieuse, du devoir, ont changé de nature, de destination et de personnel.

La plaie de notre temps, plaie saignante, la spéculation s'est étendue partout. Dans toutes les positions sociales, il faut de l'or. Le luxe lui-même est devenu l'élément du succès. La vénalité des offices a créé le marché des professions libérales. Jadis, on exigeait du notaire une vie de résignation et d'humilité : mais là, précisément, était l'élément de l'estime publique. Il n'y a pas jusqu'au *sobriquet* de *garde-notes*, dont notre sourire contemporain s'est emparé, qui ne qualifiât la confiance accordée à ce *tabellion*, à cet archiviste des *actes*, des *notes*, des *tablettes* de la vie privée.

Croit-on que les mœurs générales y aient gagné ?

Croit-on que les dames élégantes du notariat, transformées en lionnes parisiennes, donnant les plus belles fêtes, les plus beaux bals, dans la ville des bals et des fêtes, aient ajouté beaucoup à la confiance générale due aux notaires ? Ne faut-il pas, du reste, reconnaître là le signe de cette vanité crédule du client, livrant, tête baissée, ses secrets, sa fortune, ses économies, son capital de jeu, aux modernes représentants de la vie luxueuse et aléatoire de ces professions qui, jadis, étaient une magistrature?

Que dirons-nous des agents de change qui ne vienne ajouter de nouveaux arguments à cette vérité?

L'agiotage est le mobile de tout, dans notre siècle; et je le demande, qu'est-ce qu'un mariage qui n'a pour base du bien-être intérieur que cette spéculation en perspective? que deviennent les sentiments de la vie intime, chez ces deux époux, calculant le produit d'une martingale conjugale, grossissant à vue d'œil, quand la hausse des affaires se déclare, et n'entraînant que la ruine et le déshonneur, lorsque la spéculation matrimoniale vient à échouer.

Il est bien rare, sinon impossible, de fonder le bonheur sur de pareilles combinaisons; et nous ne pouvons les considérer, en tout cas, comme étant l'expression la plus touchante de cette union si délicate.

VI

Maintenant, si l'on suppose la ruine et le déshonneur de celui qui se trouve, grâce à la dot de sa femme, titulaire d'un office entaché par la spéculation ; si l'on suppose que la femme, séparée de son mari, sombre, comme cela s'est vu, dans quelque triste aventure, — que devient la dignité de l'un et de l'autre, condamnés par nos lois à subir le déplorable scandale d'une séparation judiciaire.

Scandale au point de vue matériel, parce que la fortune de la femme est la condamnation la plus outrageante de son mari ; scandale au point de vue moral et social, parce que rien n'est plus contraire à la dignité de deux époux que cette posi-

tion bâtarde, anormale, compromettante, que leur
fait la séparation de corps.

Mais, avant de déterminer les conséquences de
cette situation, continuons l'examen des diverses
espèces de mariages, tels qu'ils se présentent
dans la société où nous vivons.

VII

Il faut reconnaître que de toutes les espèces de mariage, celui qui présente le plus de chances de bonheur est le *mariage par sympathie*.

Pourtant, il ne faut pas s'imaginer que le mouvement de l'âme qui donne à deux personnes, destinées à passer leur vie ensemble, cette sorte d'affinité magnétique qui les rapproche, soit toujours le gage d'une union indissoluble.

Le grand diplomate de notre siècle, M. le prince de Talleyrand disait :

« Défiez-vous du premier mouvement, il est souvent bon ».

L'élan du cœur n'atteint pas toujours le but que les yeux entrevoient ; et les apparences sont quelquefois trompeuses. Il faut se défier de l'entraînement d'une exaltation qui, forcée de se réduire et de se refroidir plus tard, a souvent servi de cause trop rapide à la formation d'un lien dont la passion a forgé les anneaux.

Il faut qu'une certaine expérience ait donné à l'homme une sûreté de jugement presque infaillible. Thalès disait qu'on ne devait pas se marier dans la fleur de l'âge, parce que c'était trop tôt ; ni lorsqu'on est un homme fait, parce que c'était trop tard.

Est-ce la beauté d'une femme qui nous à séduits ? Rappelons-nous que la beauté est éphemère, et ne peut être parfaite.

Un Romain répondait à des flatteurs qui le complimentaient sur la beauté de sa femme :

« Mes amis, vous voyez que mon cothurne est tout neuf... Eh bien ! nul de vous ne peut savoir en quel endroit du pied il me blesse. »

Les mariages par passion n'ont pas de bonheur durable, parce que la surexcitation ne peut être l'état normal ; et que si la froideur de l'âme succède à l'exaltation des sentiments, l'affection subit le même épuisement que la lassitude des sens.

La sympathie est donc une tendance naturelle à équilibrer entre les époux les aspirations pe l'âme : et c'est dans ces sortes de mariages que viennent se résumer les règles les plus doucement impérieuses du devoir réciproque des époux vis-à-vis l'un de l'autre.

Il y avait chez les anciens une admirable règle : dans le foyer domestique, au sein des dieux lares, se trouvait la flamme dédiée à Vesta, flamme chaste, pure et de telle essence que l'étranger, l'ennemi même qui venait s'y réfugier trouvait là l'inviolabilité de l'asile choisi.

Cette sauvegarde religieuse avait servi de principe pour conserver, à l'intérieur, le respect le plus sympathique des époux entre eux.

Les anciens qualifiaient d'infâme et d'indigne de la nature humaine, la moindre violence exercée dans le foyer domestique, contre la femme qui était, disaient-ils, la compagne de la maison divine et humaine (*domûs divinæ humanæque socia*).

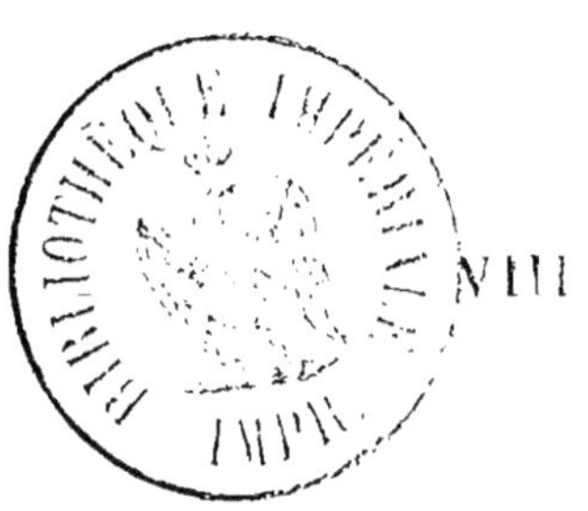

VIII

Les passions humaines, la vanité, l'amour du luxe sont les plus grands dissolvants de l'union conjugale ; et si grande que soit la sympathie entre deux époux, il ne faut jamais, même pour un seul instant, cesser d'y apporter mutuellement un aliment nouveau.

La confiance doit être la base de l'affection ; c'est ce qui constitue la probité du mariage ; c'est ce qui doit servir de base au contrat : tromper, c'est faire un acte frauduleux ; et la délicatesse de ce contrat spécial est si fine qu'on peut aisément comprendre la répudiation que César fit de sa femme sur de simples conjectures, disant que « *la femme de César ne doit pas même être soupçonnée.* »

Nous ne demandons pas à l'épouse, au XIXᵉ siècle, l'amour d'Hipsicratée, la femme de Mithridate, qui l'accompagna jusque sur les champs de bataille et partagea son malheureux sort, après les victoires de Pompée ;

Ni le dévouement de la femme d'Admète qui se tua, parce que l'oracle avait dit que son époux ne pouvait être guéri, si un de ses plus grands amis ne se tuait pour le sauver ; ni le courage de la femme de Fernand Gonzalès (courage renouvelé de nos jours par madame de Lavalette) qui pénétra dans la prison de son mari, condamné à mort, et lui donnant ses habits, se substitua à lui-même pour lui donner les moyens et le temps de fuir ; ni le suicide de Portia, la femme de Brutus ; ni celui de Pauline, la femme de Senèque, s'ouvrant les veines en même temps et dans le même bain que la victime de Néron ; mais nous estimons que c'est moins la passion exaltée que la sympathie tendre et modérée qui affermit le mariage.

DU MARIAGE PAR DEVOIR

IX

Quant au *mariage par devoir*, les conséquences
de cette union dépendent mutuellement du caractère de chacun des époux.

L'idée seule du devoir accompli peut donner à
chacun d'eux l'élément d'une sympathie qui a pour
base deux sentiments ordinairement sérieux et
solides :

De la part du mari, la sollicitude qui s'empare
tout naturellement de son cœur, assez énergiquement inspiré pour continuer, vis-à-vis de sa femme
l'œuvre du devoir; de la part de la femme, le
sentiment d'une reconnaissance qui n'est pas
sans dignité :

Et pour les deux, bien souvent, un lien déli-
cieux, vivante sympathie de leurs âmes, l'existence de leurs enfants, cause innocente et sacrée
de leur union.

De tout ce qui précède résulte pour nous cette vérité irrécusable que le plus saint et le plus définitif des contrats écrits dans notre loi civile, étant irrévocable par les dispositions impérieuses de nos codes, est contraire à l'essence même de tous contrats sérieux ; à savoir : la maturité de l'engagement ; et comme rien, en ce monde, ne peut être considéré comme devant être irrévocable, la loi devait poser à ce principe rigoureux un palliatif. Nos législateurs ont cru le rencontrer dans *la séparation de corps.*

Or, nous prétendons prouver que la séparation de corps, est un véritable attentat à tous les principes sur lesquels doit reposer une société qui veut affermir sa dignité et sa liberté véritables.

Pour le prouver, nous n'avons qu'à prendre, au hasard, les exemples que nous a signalés l'étude de nos procès civils et le triste spectacle qui se déroule à nos yeux en matière de séparation de corps.

Et d'abord :

La perspective du divorce n'est-elle pas, pour le père de famille, dans les pays où la loi l'admet, un véritable obstacle à la légèreté qui préside, d'ordinaire, à la conclusion des mariages, là où règne le régime de la séparation de corps.

Il ne faut pas croire que l'idée d'une rupture légale, paisible, mais entourée des formalités du divorce, rende plus facile pour les pères, sérieusement dévoués à leur devoir, la consommation de cet acte si grave, le mariage de leurs enfants.

Livrer à un homme la jeune fille dont l'avenir vous a préoccupé, depuis son enfance, la livrer avec la pensée que la loi peut, au lendemain même

de ce sacrifice, briser le lien formé, n'est, pour
un honnête homme, qu'une raison plus impérieuse
d'y porter toute sa vigilance.

En ce qui concerne les femmes, élevées dans une
famille qui a le sentiment de la dignité et de l'indé-
pendance humaines, le scandale d'un divorce se
dresse devant l'esprit de celui qui va conduire sa
fille à l'autel.

Celui-là suit avec une sollicitude scrupuleuse
les indices qui lui sont donnés, du caractère, de
l'honorabilité, des goûts, des habitudes de
l'homme à qui le cercle de sa famille doit s'ouvrir.
Il faut, avec une sage réserve, mais avec une économie bien comprise, que le père de famille ménage à ces deux futurs compagnons de toute une
vie, des occasions où le naturel doit se livrer à
toute son expansion. Il faut que les mille détails de
la vie intérieure, d'où dépendent les mille occasions de bien-être ou de gêne mutuels, se présentent avec une spontanéité, habilement préparée : car c'est là que va se manifester la sympathie
ou l'antipathie de ces deux enfants qui s'ignorent
au début, bien qu'ils soient, dès leur première
entrevue, destinés à vivre ensemble,

Rien ne doit être négligé.

Ne croyez pas qu'il soit indifférent de provoquer, de la part de ces enfants, la manifestation de leur sentiment propre sur les choses les plus frivoles en apparence.

Prenez garde de placer vis-à-vis l'un de l'autre, deux jeunes gens dont l'un soit simple, rond de manières, brusque, facile à émouvoir ; et l'autre affecté, prétentieux, froid, compassé, difficile à toucher.

Prenez garde de ne pas exposer la nature franche, ouverte, sans arrière-pensée, de l'un aux façons cachotières, mystérieuses, dissimulées de l'autre.

Deux jeunes gens qui, doués de gentillesse ou de beauté, s'éprennent aux premiers regards, sont bien prompts à perdre leur illusion. Dans les premiers essais de cette étude mutuelle, la brusquerie peut plaire, comme étant le signe d'une franchise réelle, gage de sérénité dans la vie ; l'afféterie, la dissimulation même peuvent passer pour l'effet d'une réserve, d'une timidité louables ?

Mais deux défauts, dans la vie pratique, sont les éléments d'une discorde qui vient bientôt briser le bonheur.

Dans la vie commune, il ne faut pas que l'époux oublie les égards dus à l'épouse dont il doit ménager la délicate nature et les instincts précieux : la comparaison de sa brusquerie avec la douceur distinguée des courtisans de la foule, peut produire dans le cœur de sa femme un trouble dont il est responsable.

Il ne faut pas, en regard, que la jeune femme, liée par son affection à celui qu'elle a choisi, jette sur son chemin l'affreux, l'incurable chagrin du soupçon, par ses façons d'être mystérieuses, dissimulées. Rien ne doit être caché dans la vie commune. Il n'y a pas de bonheur vrai dans l'état de suspicion. La franchise, l'élan de l'âme, le besoin de fondre ensemble ses pensées, la grandeur de ces contemplations faites ensemble dans la vie, la hauteur de vues au milieu des petitesses mondaines, cette sainte et radieuse sécurité de deux cœurs se soutenant l'un l'autre, la lutte acceptée dignement, et par conséquent sans artifice ; l'homme, en proie aux piéges des misérables qui le jalousent, accusé, calomnié, pouvant tout dire, tout révéler, tout expliquer à celle qu'il aime, à sa compagne, dans cette lutte odieuse ; la femme, point

de mire des attaques d'un autre genre, entourée
de piéges, et venant, naïve et honnête, tout dire,
tout révéler, tout expliquer, à son tour, à celui qui
doit la protéger ; voilà la loi du bien-être ; voilà
le vrai principe du bonheur, dans le mariage.

Une vie, longue, prospère, de dévouement mutuel devient la conséquence forcée de cet épanchement spontané de deux êtres qui sont voués à une
existence commune : une vie de douleur, de tourment, de souffrances intimes, de langueur morale,
est nécessairement la conséquence de la dissimulation.

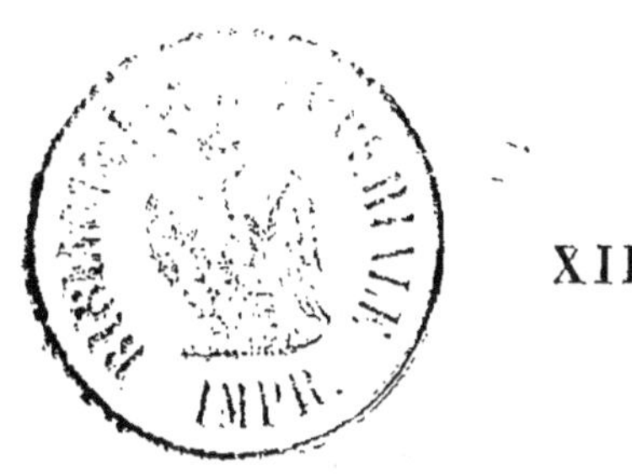

XII

Entrerons-nous plus avant dans l'examen de cette psychologie ?

Oui; car le juriste ne doit jamais indiquer ce que doit être la réforme de la loi, sans se rendre un compte exact, scrupuleux, philosophique, de son guide : le cœur humain.

Il n'est pas indifférent de suivre l'homme et sa compagne dans les phases de leur carrière.

Ils sont, en effet, à chaque pas, exposés à rencontrer soit un aliment, soit un obstacle à leur bonheur dans les actions les plus fréquentes de la vie, parce que les habitudes dans lesquelles la société les place, fournit à leur naturel l'occasion impérieuse de se produire ; et de là découle leur bonheur ou leur infortune.

Rien n'est frivole dans la vie :

Les plus grandes catastrophes naissent trop souvent d'un simple malentendu, d'un désaccord sans valeur.

Donc, tout se ressent de l'état sympathique ou antipathique des deux époux.

Une des causes délicates du bien-être ou du malheur entre époux est, on ne le croirait pas, la divergence des opinions politiques ou religieuses.

Lorsque la révolution de 1848 éclata, beaucoup de démocrates, de socialistes, de publicistes, s'emparèrent d'une question fort grave : La femme doit elle ou non jouer un rôle dans la politique?

Sans aucun doute, la femme par ses merveilleuses aptitudes, par ses instincts, par son instruction, souvent par les émotions auxquelles l'ont soumise nos cent dernières années de révolutions, la femme peut bien revendiquer le triste honneur d'être mêlée aux événements, aux discussions, aux guerres intestines de son pays.

Les révolutions ont fait de véritables héroïnes ; et ce serait vouloir proclamer la déchéance de la femme que de lui refuser un rôle dans les collisions auxquelles la vie politique nous entraîne.

Mais, il faut le dire : il y a, pour ce qui regarde la question qui nous occupe ici, à savoir le *mariage*, une condition absolue, impérieuse, fatale, c'est que la femme, l'épouse qui s'occupe de politique, n'ait pas d'autre opinion que celle de son mari. On ne saurait calculer les causes de discorde qui se cachent dans les discussions qui ont trait à la politique; et si par malheur, deux époux sont divisés sur ces questions, il leur est impossible de vivre heureux.

La communauté d'opinion inspire des actes d'héroïsme. Camille Desmoulins meurt poëtiquement, sous la délicieuse inspiration de sa femme ; dans les événements tumultueux de notre temps, tout explique la tendre sollicitude, le légitime orgueil de la femme attentive aux triomphes parlementaires et publics de celui qui lui a donné son nom; mais, par contre, rien n'est plus contraire au bien-être, rien n'excite plus l'antipathie, dans la vie privée, que la divergence des opinions entre mari et femme — bien heureux si cette différence ne prend pas un jour le caractère d'une trahison.

XIII

Quant à la religion ! les dissidences entre époux
sur ce point sont un monstrueux élément d'antagonisme et d'ardente discorde.

Nous respectons trop la liberté de conscience et
les véritables croyants, pour ne pas admettre qu'il
se trouve parmi les ministres des diverses religions
humaines, des hommes imbus de sentiments sin-
cères.

La plus humaine de toutes les formules, en
matière de morale religieuse, est sans contredit
la bible et l'*Évangile*.

La liberté, l'égalité, la charité, tout ce que

l'âme ressent de plus élevé, tout ce qui sert de lien entre les hommes, vient se résumer, se concentrer dans ces paraboles, surhumainement inspirées.

Il est vrai que l'impartialité de notre examen sur les religions qui règnent en ce monde nous commande de faire une remarque générale : c'est que les diverses religions ont à peu près la même morale ; et qu'elles ne se différencient que par les dogmes, et le personnel religieux.

Il ne nous appartient pas de discuter ici théologiquement. Selon nous, la meilleure de toutes les religions est celle qui ne se livre à aucune polémique passionnée, qui s'inspire des progrès utiles à l'humanité, et dont les ministres sont reconnus et accrédités comme les véritables apôtres du bien-être universel.

Nous parlons ici de ce qui se passe dans l'hémisphère que nous habitons. La majorité de notre pays est catholique ; et nous avons eu bien souvent à signaler la charité, la bienveillance, le dévouement de quelques bons prêtres de cette religion. Nous croyons que personne ne contestera cette vérité, c'est que plus on s'abaisse dans l'*Or-*

dre, plus les ministres de la religion catholique sont dignes de confiance, par la simplicité de leurs mœurs, par les privations réelles de leur vie. Nous en avons vu qui, forcés d'administrer au milieu des montagnes, étaient les véritables pères de famille des habitants de leurs pauvres communes.

Exposés à l'intempérie des saisons, condamnés à une sorte de claustration intellectuelle, vivant dans un monde où la pensée est en complet sommeil, ces pauvres curés subissaient avec un courage héroïque les privations physiques et l'atonie morale.

Nous n'avons pas besoin de parler de ces admirables missionnaires, s'exposant aux dangers les plus grands, soit en traversant les mers, soit en pénétrant hardiment au milieu des peuplades les plus sauvages, en se présentant désarmés, et, par conséquent, ne pouvant avoir, pour les défendre, que Dieu qu'ils cherchent à expliquer. Ces hommes-là sont les vrais soldats de la foi. Qui ne respecte leur courage? Qui n'applaudit à leur mission? Mais est-ce pour eux qu'est organisée la luxueuse Église catholique?

Pauvres, couverts de cicatrices, le cœur dou-

loureusement atteint du triste spectacle des er-
reurs humaines, lancés dans un tourbillon où
leur âme a bien de la peine à se défendre contre
les séductions qui les arracheraient à leur pénible
mission, ces hommes sont les véritables apôtres
de toutes les religions, parce qu'ils traversent le
monde entier cherchant à y faire pénétrer le bien,
et combattant le mal.

Certes, ce sont là les bons prêtres.

Parlerai-je du vicaire d'une grande église de
Paris, homme simple et bon, que j'ai connu, et
qui, depuis dix ans, a eu la généreuse pensée de
vouer sa vie aux soins que réclament de lui de
pauvres enfants, frappés d'une maladie incurable ?

Je l'ai vu, ce brave homme, refusant tous les
honneurs de la carrière ecclésiastique, espèce de
saint Vincent de Paul, à côté du lit de ses jeunes
malades, qu'il appelle *ses enfants ;* les soignant
lui-même, avec toute la délicatesse d'une dame
de charité.

Un jeu de mots charmant de ce digne homme :

On a voulu lui donner la croix, pour le récom-
penser du soin admirable qu'il donne à *ses incura-*

bles. Il l'a refusée par modestie : « Savez-vous, mon ami, me disait-il, le gouvernement m'a donné le témoignage d'une grande sympathie : Il m'a traité comme notre Sauveur, « *à qui l'on a donné la croix... qu'il n'avait pas méritée !* »

Sans aucune ressource, il avait commencé son œuvre dans un modeste réduit... Il n'avait qu'un petit nombre d'enfants, cela s'est développé à tel point qu'aujourd'hui ce bon abbé M... (que je ne nomme pas, par respect pour sa modestie) se trouve à la tête d'un hospice considérable de 300 enfants incurables... (1) Il en est triomphant.

La religion véritable, la voilà.

C'est bien ainsi que l'on doit appliquer les saintes et belles maximes du Christ. Mais, malheureusement, combien de ministres de la religion ne sont que les instruments d'influences dont la fin n'est autre chose que la domination, l'envahissement du pouvoir clérical dans les choses temporelles.

____

(1) L'*Hospice des Incurables* est placé sous la protection de la princesse Mathilde, qui, il faut le dire, y apporte un extrême dévouement.

XIV

Nous vivons dans un temps où la religion, livrée à des combats ardents, devient, pour les familles, un élément de séparation.

Depuis une douzaine d'années, en France, plusieurs causes d'antagonisme ont ouvert l'arène à la discussion de dogmes nouveaux, et tendent à ramener les esprits sur le terrain brûlant des luttes religieuses. Nous citerons deux éléments de cet antagonisme qui prend de menaçantes proportions.

La nouveauté du dogme de l'*Immaculée conception* a surpris les familles ; et l'accueil fait sous l'influence d'un étonnement suprême de la part des uns, a semé le germe de certaines discussions irritantes. En général, le mari n'a pas accueilli, d'emblée, avec une foi bien vive, un dogme sur lequel dix-neuf siècles ont passé, sans que personne eût l'idée de l'ajouter aux articles déjà nombreux de la foi.

Mais la femme, chez qui le directeur religieux tend, de nos jours, à exercer une influence très-suivie et très-ardente, a été entourée, circonvenue, excitée, surexcitée même, sur cette nouveauté, et le trouble s'est produit à cette occasion.

Une autre cause d'irritation s'est introduite au foyer domestique, la question du pouvoir temporel du Pape.

Une véritable agitation religieuse, soufflée par le clergé, s'est alors propagée au sein des familles.

Le rôle du prêtre qui, jusqu'à ce jour, n'avait pas eu de prétexte pour défendre des questions spéciales, en ce qui concerne la religion, est devenu d'une activité qui, sans aucun doute, devait faire naître et a développé des germes de discorde, en matière religieuse.

De nos jours, l'influence cléricale a pris un caractère dominateur. Jamais, peut-être, en France, le clergé n'était intervenu dans les affaires intimes de la vie privée, d'une façon aussi directe.

Jamais, le père ne s'était trouvé dans une nécessité plus urgente de faire la différence entre le ministre de la religion, pur de toute arrière-pensée de domination, consolant les affligés, soulageant les âmes souffrantes, et le prêtre, chargé de recruter, dans le sein des familles, des âmes militantes en faveur d'une religion qui prend à tâche de dénaturer sa mission spirituelle pour en faire un *pouvoir*... et le plus redoutable de tous les pouvoirs :

Les mauvais prêtres, en effet, sont les soldats d'une armée, portant l'étendart de la religion contre toutes les libertés, contre tous les progrès : armée dangereuse et qu'il faut combattre avec énergie.

Voyez-les manœuvrer !

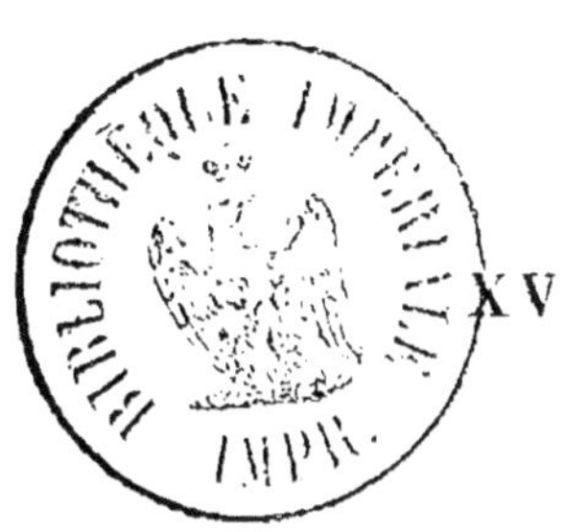

XV

Ces soldats *sui generis* ont pris pour s'affubler
aux yeux de la multitude qui, silencieuse, les voit
passer comme des ombres, la couleur des ténè-
bres...

Ils s'en vont par les chemins, se glissant, fure-
tant, le pied enchâssé dans des souliers pantou-
fles, marchant très-ferme, quoique sans bruit, tout
de noir habillés... On ne les entend pas ; à peine
les voit-on ; ce n'est pas aux lumières éclatantes
de ce beau soleil qui resplendit à nos yeux, à la
lueur de ses splendeurs que ces hommes noirs
marchent. Ils choisissent les corridors sombres,
les allées noctifères, les égoûts cachés ; ils ont des
issues secrètes, des portes mystérieuses, par les-

quelles ils se faufilent. On ne les entend pas ; on ne les voit pas ; et pourtant, ils sont là ; ils sont partout. Les femmes, les enfants leur ont livré dans de mystérieux colloques, aux épanchements de superstitieuses confidences, dans le frôlement de soie imprégnée de ces odeurs suaves des encens, de la myrrhe et des senteurs enivrantes, leur ont, dis-je, livré les clefs de ces villes sacrées que l'on appelait, anciennement, les *Dieux-Lares,* les *Pénates,* et qu'on nomme, de notre temps, les *foyers de la famille,* le *home,* le *sweet home !*

Ce vêtement long et noir, sans éclat, ce voile de la modestie, les rend si respectables ! Avec quelle simplicité, ces excellentes personnes se présentent aux yeux des créatures affaiblies par l'éducation à laquelle nous les avons imprudemment vouées ! Nous nous y sommes mépris nous-mêmes... Quand ils se sont produits, tout d'abord, auprès de nous, nous avons admis, avec cette indifférence qui est le type de notre nature, ces hommes saints et simples de costume et de langage.

IXV

En entrant, ils ont prononcé quelques paroles
qui nous ont séduits tout d'abord : la *charité,
l'amour du prochain*!... Qui peut s'opposer à ce
que celle qui défend le foyer de la famille éprouve
les suaves émotions qui ne s'inspirent d'abord
que des élans de la charité... Le moyen de re-
pousser les deux jolies petites mains roses de ces
petites créatures adorables qui tiennent nos destinées avec nos amours, et qui défendent si chaude-
ment le nouveau-venu! Ce travail s'est fait à notre insu, à pas de loup, tout doucement, tout
subrepticement; on est arrivé, comme cela, vers
nous, presque sur des tapis de fleurs; on a placé

devant nous, notre propre entourage, ces chères fortifications que la nature et que l'amour ont créées, ont élevées, ont crénelées... pour nous y renfermer vivants.

Ce travail latent s'est fait... et c'est tout juste lorsqu'il a été accompli que nous nous en sommes aperçus : Et alors... il n'est plus temps de le détruire !

Aveugles que nous avons été ! c'est au réveil que nos yeux voient se dresser, derrière ces images séduisantes et parées, la grande ombre du tableau de famille ! C'est au réveil, quand nous sentons, dans le beau milieu du cœur, le poignard fumant de leur hypocrisie, enfoncé jusqu'à la garde, que nous voyons se dresser ces soldats de l'armée noire ! Mais nous avons beau crier : notre voix est étouffée par ceux-là mêmes qu'ils ont lancés contre nous, sous l'inspiration des émotions les plus tendres. Nous avons la gorge serrée, et notre souffle ne peut articuler aucun son, aucun cri de détresse : Ils ont bouché leurs oreilles ; ils nous ont fermé l'accès de leur âme ! Si nous nous retournons, le soldat noir est là ; c'est le fantôme... Si nous voulons même user de notre droit, si nous voulons frapper, notre arme émoussée frappe dans le vide... Ombres impalpables, corps rendus invisibles, gnomes ténébreux, les soldats noirs s'effacent à nos yeux comme les choses de couleur noire, quand la nuit vient.

Tout nous fuit; tout nous échappe; tout disparaît, au moment où nous croyons mettre la main sur l'objet même.

Nous voulons faire acte d'autorité, puiser dans la loi humaine la force paternelle... Nous ne rencontrons que le silence. On entend bien notre voix, nos plaintes, nos prières, nos supplications, mais on n'écoute pas nos supplications, nos prières, nos plaintes, notre voix...

Pas un mot qui nous résiste; pas un argument qui soutienne la polémique; pas une parole tendre qui réponde à l'élan de notre cœur brisé...

Partout, le soldat noir apparaît..... Sa main est là, placée sur une lèvre sèche, riante, blafarde, l'index levé; et l'enfant naïf, et la femme sont devenus deux statues du Silence, se dressant devant nous, nous regardant, fixement sans nous voir, nous entendant sans nous écouter... Le soldat noir est auprès d'eux. Il nous enveloppe;

il nous étreint sous le magnétisme qu'il lance sur les nôtres... C'est le Méphistophélès moderne... Il a changé de costume : voilà tout. Tel est le mauvais prêtre !

XVII

Et ne croyez pas que nous dressions ici, devant vous, le fantôme d'aucune fiction. Jamais, à aucune époque de notre histoire, ce travail ne s'est produit avec autant de puissance que de notre temps : Cette partie du clergé sait que la *séparation de l'Église et de l'État* est imminente; et que dans le cas très-probable de cette rupture, le résultat le plus clair sera de le placer dans une sorte de dépendance, la foi devenant seule l'élément des ressources du culte.

Le clergé ne peut abandonner un émargement facile, et risquer ainsi d'avoir à se créer des ressources, à se préoccuper de son budget. Nous savons, du reste, que les biens du clergé sont, en

France, d'un produit considérable; que les dona-
tions, les offrandes, les deniers de toute espèce,
se verront bientôt augmentés des versements
spontanés des fervents catholiques qui trouveront
dans la formation de ce pieux budget, un moyen
de plus de mériter les faveurs et les indulgences
promises à leur ferveur.

Mais c'est une *alea*.

Le Prêtre s'est accoutumé depuis longtemps à
ce que l'État réalise lui-même à son profit la ma-
xime : « *qu'il vît de l'autel* — et la seule préoccupation qui pourra lui échoir de se soumettre à
une perception purement facultative devra dénaturer, à certains égards, le caractère de désin-
téressement apparent qu'il savait apporter dans
son humble attitude... Sa vie matérielle lui était
assurée; et le casuel, ce *modeste* casuel qui venait
s'y ajouter, n'était qu'un contingent où figurait la
foi, sous forme d'offrande... ce qui, du reste, se
traduisait par un luxe incompatible avec l'essence
même de l'institution et des principes d'humilité
recommandés par l'Évangile.

Donc, cette domination du Directeur, cette tendance à pénétrer dans le foyer domestique, cette

influence si puissante n'est pas seulement une question de doctrine, mais une question de dignité et d'existence, tout près de devenir une question très-matérielle, une question d'argent !

En tout cas, revenant à notre point de départ, nous croyons que la religion est le plus actif élément de concorde ou de division dans les familles : Vérité dangereuse, et dont le péril ne peut être évité qu'en laissant le prêtre à l'Église ; car, du moment où le prêtre aura l'accès du foyer domestique, à ses heures, selon les caprices d'une direction spirituelle, dont les limites ne peuvent être déterminées, le père de famille n'a plus qu'à sortir, l'influence du ministre de la religion ne peut que lui laisser la seconde place et cette place sera bientôt complétement effacée.

XVIII

Aucun contrat humain n'est donc plus périlleux
que le mariage, c'est-à-dire :

Mariages de convenances ;

Mariages de spéculation ;

Mariages de sympathie ;

Mariages par devoir :

Tous sont soumis aux règles éternelles de la nature humaine et de ses imperfections.

Les sentiments, les opinions, les instincts con-
solident ou détruisent ce contrat.

Et si, par malheur, il devient nécessaire de
l'effacer ; s'il faut rompre le lien, il ne reste plus

dans notre législation que la ressource de la *séparation de corps*.

Eh bien! nous croyons que le *divorce* est infiniment préférable; et nous allons le démontrer.

XIX

Examinons, en effet, la situation légale et sociale de deux époux, vivant chacun sous le régime de la séparation de corps et comparons cette situation avec celle que leur donnerait le divorce :

La séparation de corps place le mari et la femme comme deux *parias* dans la société.

La femme ne peut aller seule dans le monde, sans y être l'objet d'attaques, de calomnies, de médisances incessantes.

Le premier hommage qu'elle reçoit, fût-il le plus respectueux, le plus désintéressé, la met en état de suspicion. Sa réserve est de l'hypocrisie ; sa grâce et son esprit, une espèce de cynisme que l'on commence par qualifier d'indifférence étrange et qu'on finit par déclarer être un scandale.

Si la femme séparée est honnête; et si, pourtant, jeune encore, accessible aux sentiments les plus doux de l'âme, elle rencontre dans le monde quelque véritable ami dont le premier soin est de la consoler, et qui bientôt s'attribue, comme un devoir, le rôle de protecteur contre le sarcasme, l'attaque directe, l'injure même; veut on que cette femme y soit insensible?

Non, sans doute; alors la lutte commence :

Lutte de la femme avec elle-même; lutte de l'ami chez qui la générosité de sa conduite le rend scrupuleux sur l'état de son âme. Sa protégée est-elle belle et riche; dans quelle position sa délicatesse le maintiendra-t-elle? Les portes du monde s'ouvrent bien timidement devant la femme séparée; mais si elle y entre seule, l'œil de la société, malveillant argus, regarde méchamment si quelqu'un ne l'a pas précédée ou ne l'a pas suivie.

Les femmes à qui le mariage est léger, qui en sont encore à l'état normal, qui n'ont pas encore ressenti dans leur cœur les angoisses de certaines douleurs matérielles ou morales sont implacables; elles jettent dédaigneusement leurs regards sur cette malheureuse déclassée qui passe auprès d'elles ! Combien même de ces dames, qui couvrent leur trahison du manteau conjugal, et qui trouvent étrange, malséant, scandaleux qu'on ait invité cette femme *séparée* là où, disent-elles impudemment, il n'y a que des femmes honnêtes.

XX

Que si quelqu'une de ces spectatrices froidement cruelles, trouve dans son cœur un remords,
et se sente assez indulgente pour compâtir à la
fausse position de cette infortunée, avec quelle
complaisance humiliante elle lui accorde l'aumône
de sa bienveillante sympathie ! de quel air la
protégée peut-elle écouter les homélies d'une
compassion plus blessante que l'audacieuse et
franche injure ? Alors la femme séparée, toute
seule, ayant besoin d'appui, se décide, pour être
défendue, à briser cette chaîne pénible du devoir
sans compensation.

Elle se décide à prendre le bras de cet ami, de

ce protecteur qui impose silence, du moins, aux lâches insulteurs d'une femme, mais qui, pourtant, malgré son courageux dévouement, n'a pas, lui même, la conscience à l'aise !

Que si la femme séparée se résigne à ne voir personne au monde; si elle consacre honnêtement sa vie à l'ami qui s'est dévoué, qui dira les angoisses intimes de cette existence de deux parias au milieu même d'un monde qui passe, et dont le silence et le mutisme sont plus terribles, plus douloureux quelquefois que l'éclatante injure?

Qui pourra décrire la souffrance intime et gênante de la femme qui voit dans son ami ce qu'elle appelle son *sacrifice*... qui, se demande si la régularité de la vie qu'ils mènent n'est pas un obstacle à son bien-être; si l'égalité de son humeur n'est pas l'effet d'une patience héroïque; ou si les quelques petits nuages inévitables qui courent sur leur ciel ne sont pas les précurseurs d'un orage?

Sans doute, cette solidarité d'affection, ces épanchements intimes, cette confiance protectrice de l'un pour l'autre, tout cela constitue au profit des deux amants (car c'est leur titre), une compensation vraiment délicieuse, à cette répulsion mondaine qui ne repose souvent que sur un injuste préjugé... Car enfin ! Est-ce sa faute à la femme, si la loi rend sa vie hypocrite; et si elle est forcée de voler, d'escroquer le bonheur, ne pouvant rompre un engagement qui s'est entaché d'un stigmate inévitable ?

Mais... ce dévouement réciproque est-il d'une constitution assez robuste pour résister, avec une énergie invincible, contre la fausseté d'une situation qui n'en est pas moins un outrage, si injuste qu'il puisse être?

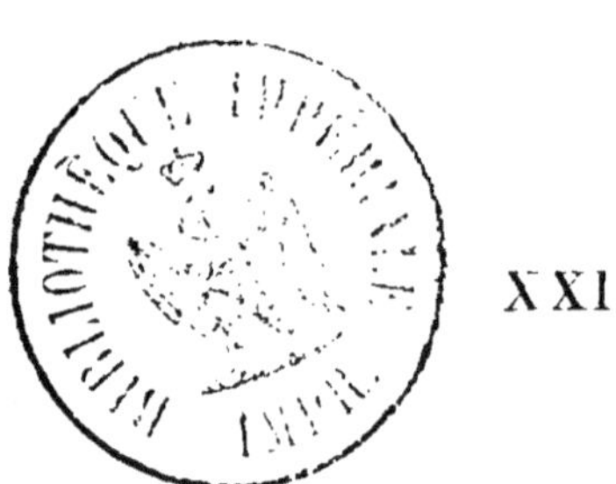

XXI

Alors, si la lassitude les gagne, ces deux prisonniers de la même chaîne d'affection; si la négligence, ce dissolvant fatal, se met entre eux... tout est perdu.

L'homme s'est dévoué, cela est vrai; mais du jour où il cesse d'être affectueux, il prend la femme séparée pour la précipiter dans un abîme, au fond duquel elle ne peut rencontrer que le désordre.

Du jour où l'infortunée a cédé pour une seconde fois, fût-elle excusable à ses propres yeux, elle est perdue.

Elle ne peut entrer dans le même asile, dans le même salon, dans le même monde que la femme élégante, mais mariée, qui s'est signalée par le nombre de ses bonnes fortunes.

Celle-là passe auprès d'elle, appuyée sur le bras d'un époux officiel, trompé... mais toujours officiel, le regard superbe... disant : Comment peut-on recevoir *Ça!*... quelle impudence !

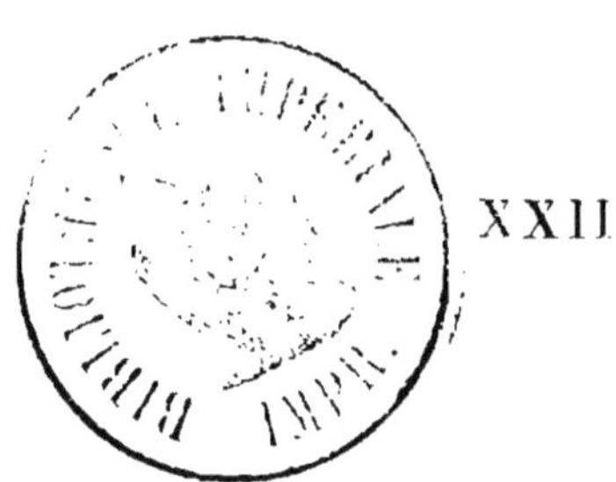

XXII

Parlerons nous maintenant des enfants?

Examinons la situation du mari et de la femme, séparés de corps, dans le cas de survenance d'enfants.

Il n'est rien, selon nous, de scandaleux, d'immoral, d'anti-naturel, rien d'injuste, tout à la fois, comme cette position.

Parlons, d'abord, du *mari* :

Les tribunaux, en lui accordant sa séparation de corps, ont tout de suite, au point de vue légal et (qu'on nous permette de le dire) au point de vue naturel, rompu, brisé le *Domicile conjugal*.

Suppose-t-on possible que l'homme, avec sa

nature, ses appétits, ses désirs, disons plus ses besoins, ait fait vœu de chasteté, le jour où il est délivré d'une femme qui ne peut, qui ne doit plus être sa compagne, dans le cas, par exemple, où l'adultère a été la cause de la décision des tribunaux qui les a séparés?

Et, dans ce cas, le législateur, qui doit tenir compte, dans les dispositions que la loi ordonne, de tout ce qui constitue l'humaine nature, ne s'aperçoit-il pas qu'il a effacé, en détruisant le *domicile conjugal*, l'adultère, parmi les fautes entraînant la pénalité prononcée contre le mari, « entretenant une concubine dans le domicile conjugal? »

Dès lors, qu'arrive-t-il?

Le mari qui, à tout prendre, est un homme, a, nécessairement, toutes les passions inhérentes à sa nature : Il rencontre dans le monde une femme; il est encore jeune; il se fait aimer; si la femme est libre, il s'attache à son sort : la conséquence est de voir s'établir la situation que voici :

Une *concubine* (ainsi dénommée par la loi), entretenue dans le domicile *non conjugal* d'un mari;

Une jeune femme, entraînée et perdue aux yeux de la société;

Un mari qui doit renoncer au monde;

Voilà le côté de cet époux séparé.

Et du côté de la femme :

Une femme désarmée par la loi, ne pouvant attaquer son mari *séparé* pour cause d'adultère; tandis que si, elle-même, commet ce délit, elle est justiciable du tribunal correctionnel :

Position anormale, injuste, donnant à l'un un privilége d'impunité refusé à l'autre.

Et maintenant, que vont devenir les enfants, qui peuvent naître de cette union *morganatique* (diraient les allemands) de ce *connubium* (diraient les anciens)? Sous quel nom les inscrire, ces enfants? nécessairement, sous le nom de la mère. Les voilà donc ces pauvres créatures, bien innocentes des circonstances anormales de leur naissance, déclarés *bâtards* par cette belle loi de la séparation de corps.

En vain, la tendresse du père qui ne peut donner à ces enfants ni son nom, ni sa fortune, les accompagne dans la vie! Chaque jour, chaque instant sont consacrés par les liens inaliénables, inévitables de l'amour paternel à l'éducation de ces enfants à qui l'on a donné le nom d'enfants *naturels*, quand ils sont nés de deux célibataires *hors mariage*, et auxquels on ne peut donner que le nom d'*adultérins* bien qu'ils soient nés sans adultère légal possible. Cette tendresse n'est pas reconnue par la loi.

Pourtant, ces enfants-là grandissent sous les yeux de leurs père et mère *illégaux* : Ils se sont habitués à leur donner ce nom si pur, si expressif, comme aussi le nom de *fils* ou de *fille* les accompagne dans la vie !

Ne trouve-t-on pas que ces naissances d'enfants constituent, par la loi de séparation de corps, les circonstances les plus immorales du monde ?

On ne peut imaginer le spectacle dramatique que présentent aux yeux du moraliste ces deux bureaux de la mairie que l'on nomme le *bureau des naissances* et le *bureau des décès :* rien n'est plus étrange que l'histoire biographique écrite officiellement sur ces registres de l'État-civil ! Voyons :

XXIII

Nous avons étudié, personnellement le petit
drame qui, chaque jour, se déroule sous les yeux
des assistants, et nous croyons devoir ici le repro-
duire, tant il y a d'enseignements dans cette cu-
rieuse physionomie du fait légal de l'*État civil,* la
base de notre société :

Il est dix heures du matin.

Le guichet de la mairie pour le bureau des dé-
clarations de l'État civil est ouvert.

Une grande affluence de gens se présente ; et
tous paraissent pressés.

Nous nous sommes placé dans l'angle le plus
obscur de la salle : cette salle est éclairée par des

fenêtres cintrées de dix-huit petits carreaux assez minces. Deux bureaux à pupitre sont dressés devant une des fenêtres.

Au dessus de l'un d'eux est écrit, sur le mur humide à voûtes jaunes, le mot *naissances;* — en face, sur le mur pareillement humide et aussi à voûtes jaunes, est écrit le mot *décès.*

Deux employés tiennent la plume, séparés par une balustrade du public qui s'approche, tout à fait comme à la porte d'un théâtre, chacun des intéressés, trois par trois; à savoir : l'intéressé principal et deux témoins.

Bien que ces deux honorables fonctionnaires aient de leur besogne une grande habitude; et bien qu'une grande habitude inspire ordinairement une grande indifférence; pourtant, l'on ne peut s'empêcher de reconnaître que *l'employé des naissances* porte sur sa physionomie expressive, un certain reflet de philosophie contemplative et profonde qui dit bien haut que cet employé va transcrire sur un froid registre une chose bien vive et bien ardente : tout l'avenir d'une génération. L'*employé des décès,* lui, porte sur son visage, le reflet d'un sentiment tout opposé. Il semble que le « *Consummatum est!!!* » ait doué ce brave enregistreur du fait accompli, d'une dose complète d'indifférence aénéenne. La mort, c'est-à-dire la fin de toute chose, revêt cette figure atone d'un voile bistre ou cuivré, qui ressemble à la couleur de ces vieilles urnes antiques, où du moins les cendres même de ceux qui furent chers à quelque pauvre cœur humain, étaient rangées dans l'oratoire intime du foyer domestique : Dieux lares de l'affection, dépouilles opimes de ces doux sentiments, la fleur de nos ronces, dans la vie !

L'employé aux décès voit passer, tout le jour, des témoins, de noir habillés, qui viennent lui dire, tout compendieusement, que leur proche vient d'entrer dans ce monde, hélas ! si peu connu, mais dont les croyants font une colonie, douce ou cruelle, pleine de senteurs ou de flammes brûlantes, consolations ou sanction !

Cela s'annonce avec le même chagrin, presque toujours. Puis la première phrase de la douleur prononcée, *l'employé aux décès*, qui fait partie d'un *Caveau de Chansonniers,* se met à regarder les « *déclarants* » avec une moue si drôlement triste, et un œil si tristement grotesque,

que cela peut passer pour un point d'interroga-
tion d'héritage?

« La succession est-elle ou n'est-elle pas
grasse? »

Voilà la véritable question qui paraît s'élancer
(muettement pourtant) des rides ricaneuses de
cette face jaunâtre. Puis, l'inscription terminée,
l'on voit bien que la *fin des fins* a passé par là...
le registre est une lettre morte comme l'inscription : *Consummatum est! Consummatum est!*

Il est facile de reconnaître la banalité de la douleur qui constate la fin d'une existence : l'instant
détruit, l'émotion éteinte, le sanglot tôt ou tard
étouffé, souvent une joie féroce, éclatant comme
un ricanement métallique, d'or ou d'argent : tout
cela est vite analysé.

Mais ce qui surtout attire notre attention, c'est
la déclaration des *naissances*.

Prenons notre agenda, et tâchons de tout entendre, et de tout noter.

XXIV

Le premier personnage qui se présente est un jeune homme de vingt-cinq ans, dont la physionomie accuse tout à la fois le bonheur et la fatigue. Vêtu simplement d'un paletot bleu barbeau, d'un gilet et d'un pantalon noirs, une cravate de satin noir mat autour du cou, le col de chemise de toile un peu dure mais bien blanche, rabattu, Jérôme Claudet est radieux. Il porte dans ses bras un gros garçon, joufflu comme une radieuse pomme d'Api, ne pleurant guère et roulant même son œil bleu tout naissant vers la fenêtre, comme l'oiseau qui becquète la liberté sur les carreaux.

« Jacques-Jérôme Claudet, mon officier, voilà les nom et prénoms du citoyen. »

— Ah! c'est vous M. Jérôme. — Diable, voilà un beau soldat!

— Non, un bel ouvrier, mon officier, si vous le permettez, et madame, qui vous fait bien ses compliments de son quatrième, (Hein! depuis cinq ans, ça ne va pas mal,) serait bien venue elle-même, n'était un diable de mal de *mère* qui l'a retenue au lit... sans calembour.

Présents, le père Nicolas, notre chef de file, plus mon brave frère Mathieu.

Les deux témoins saluent; ils signent, et tout est dit.

Voilà donc une famille heureuse...

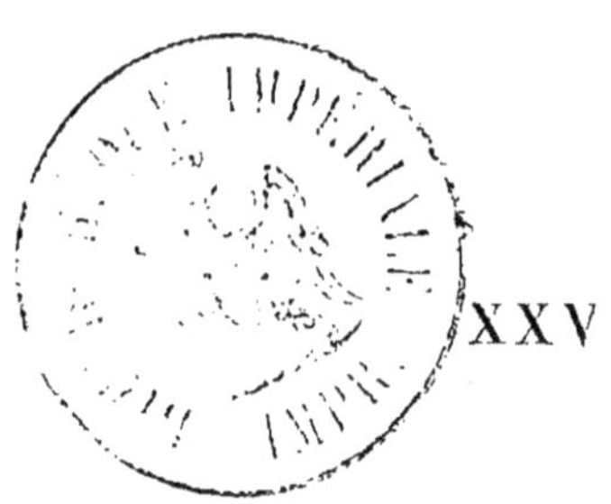 XXV

Après ce groupe si loyalement joyeux, passent quelques braves pères de famille, guidés dans leur déclaration par un jeune aspirant enregistreur, parlant de leur *épouse,* avec un gros épanouissement annonçant à l'employé que « *la mère et l'enfant se portent bien.* »

Ce n'est pas de la poésie dans le bonheur; c'est de la prose dans l'ordre de la vie... Tant mieux pour ces bonnes gens!

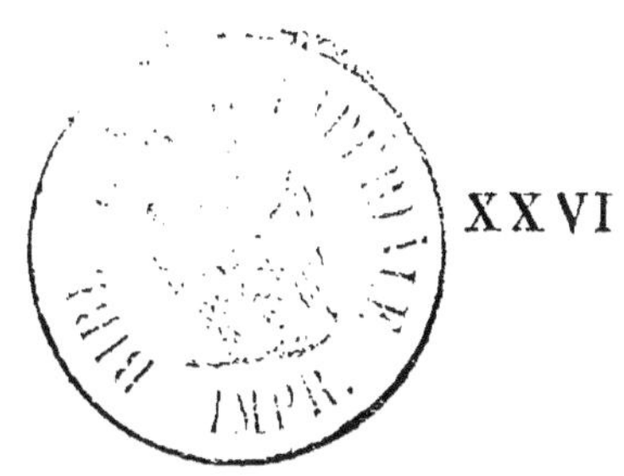

XXVI

Tout à coup, il se fait un grand bruit de portes battantes qui s'ouvrent, et laissent passer plusieurs messieurs, décorés, parlant haut et accompagnant un des leurs visiblement glorieux et fier; l'enfant est porté par une sage-femme, ornée de dentelles.

— Monsieur, dit le personnage glorieux en s'adressant avec un certain ton d'aristocratique impertinence à l'officier de l'État civil, je suis le comte de ***, veuillez inscrire les nom et prénoms suivants :

Anatole-Charles-Camille de ***.

Quant à l'observateur, il peut remarquer que

l'un des témoins a bien souvent « proclamé tout haut, pour la galerie, qu'il était fier, très-fier d'être le parrain de ce bel enfant. »

La noble partie s'éclipse non sans faire beaucoup de bruit.

Voilà une famille régulièrement dotée des avantages légaux de la naissance : « *Pater is est quem justæ nuptiæ demonstrant.* »

XXVII

Pendant que l'on inscrit cet enfant officiel,
nous avons vu dans un des angles opposés de la
salle où cette scène se passait, deux hommes fort
bien mis, l'un assez jeune, l'autre ayant conservé, dans les traits et la chevelure d'un sexa-
génaire, une verve, une verdeur d'allures très-
remarquables.

Ces deux personnages paraissaient fort atten-
tifs à éviter le cortége aristocratique qui les a pré-
cédés.

Il y avait une intention marquée de leur part,
d'éviter la société élégante qui a laissé son par-
fum dans la salle.

Aussitôt la salle vide, *l'employé aux naissances* fait signe aux deux personnages.

— Veuillez approcher, monsieur, fait cet employé avec un ton très-respectueux et à voix basse. Nous sommes seuls, maintenant.

Comme je vous le disais hier, lorsque je suis allé vous voir pour constater la naissance de cet enfant, la loi est formelle. Nous ne pouvons accepter votre déclaration en paternité. Vous êtes marié ; vous êtes bien le père de cet enfant né d'une demoiselle célibataire ; mais vous ne pouvez figurer sur l'État civil comme étant le père. Je dois donc écrire : « est né un enfant du sexe masculin de demoiselle X... née à ... et de ..... *père inconnu...* » que voulez-vous ! C'est la loi !...

Pourtant, le père est, depuis longtemps, séparé de la femme qui porte son nom ! et le père de cet enfant *adultérin* est dans l'impossibilité absolue de reconnaître cet enfant, le fruit d'un amour qui déshonore la pauvre fille qui s'est ainsi dévouée à sa vie de délaissement.

Cette scène, prise sur place, a son enseignement : d'abord, c'est ce bel enfant aux yeux d'azur qui est venu là, porté par les deux bras loyaux et énergiques de cet ouvrier si plein de sa belle joie naïve : c'est comme une fleur de franc honneur qui s'épanouit sous cette inscription signée du grand-père et du frère, fêtée par cet habit bleu barbeau et ce linge blanc sur un col de bronze au reflet d'or. Puis, c'est le bâtard blasonné, mais légitimé par un père qui n'est que le manteau de ce parrain : nous avons pu deviner la grossière joie de ce déplorable cortége de gens décorés, et titrés, narguant avec élégance le père, le père patenté, municipalisé, enregistré, mais faux, apocryphe, berné, ridicule quoique heureux et légalement père.

Enfin, pour compléter le tableau, voici venir un bel enfant, né de la jolie et radieuse compagne de ce *paria* légal, l'époux séparé de corps de sa femme... et ce bel enfant porte au front, le pauvre innocent ! cette tache indélébile : « né de *père inconnu !...* »

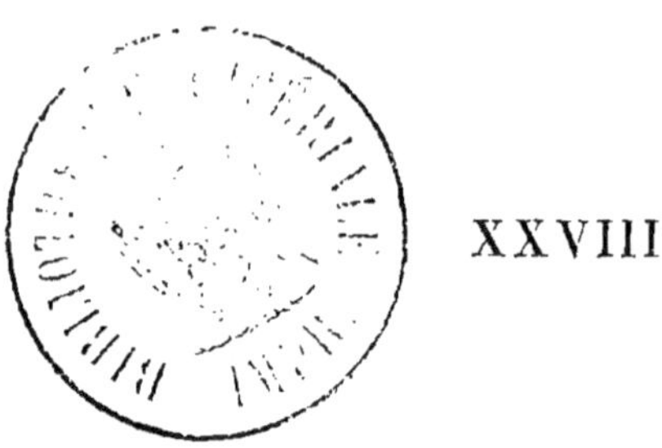

XXVIII

Voyons un peu, raisonnons. Approfondissons, en jurisconsulte et en moraliste, cette étrange législation... Quels sont la cause, le motif, le prétexte de cet accès donné, dans nos lois, au mensonge, à la trahison!... Oh! nous comprenons jusqu'à un certain point, que le mari, trompé sans le savoir, crédulement étendu sur le duvet moelleux d'un habile adultère, se sente heureux de porter ce doux titre de père, absolument comme le mulet de la fable, ou comme l'âne, chargé de reliques; et qu'il accepte les fruits adultérins, mais cachés, de la femme assez odieusement dépourvue de probité pour donner à cet enfant un nom volé... La foi le sauve! ce malheureux mari!

Il nous répugne de supposer pourtant que, dans le courant de sa vie, cette femme sache être assez parjure pour composer son visage, regarder le mari caressant son enfant qui n'est pas le sien, et lui donnant ce nom divin « mon fils ! » « mon premier né ! » laissant l'amant, qui est le véritable père, froid, glacé, cérémonieux par calcul, auprès de cette créature qu'il avait rêvée, dans son amour !...

Et quand l'enfant grandit ! quand il devient un jeune homme, un homme ; et quand la célébrité, la renommée vient donner de l'éclat à ce fruit d'un adultère ; oh ! qu'elle doit être immense, ineffable, la torture de celui qui sait que ce glorieux enfant est né de son sang, et que cette illustration, dont il s'énorgueillirait, porte l'étiquette d'un nom qui n'est pas celui que la nature lui a donné.

C'est la loi romaine qui le veut !... qu'y a-t-il à dire à cet argument :

Pater is est quem justæ nuptiæ demonstrant.

Mais comment peut-on laisser subsister dans nos lois cet état anormal, cette étrange disposition qui défend à un homme, sans état comme sans domicile conjugal possible, de priver un enfant, une créature innocente, de porter son nom, quand sa vie entière est une espèce d'hymne aux sentiments les plus sacrés de la nature.

Rien, selon nous, ne milite plus énergiquement en faveur du rétablissement du divorce que le scandale permanent, qui accompagne nécessairement l'époux séparé de corps.

XXIX

Mais que dirons-nous de la femme séparée?

La femme séparée et mère d'enfants légitimes est en proie à une lutte continuelle.

Elle est placée entre son amour maternel qui l'entraîne, qui lui donne l'élan le plus pur, et la crainte suspendue sur sa tête, comme l'épée de Damoclès, de voir se dresser entre elle et le fruit adoré de ses entrailles le spectre du soupçon... peut-être du mépris!

Fût-elle la plus méritante des femmes, le jugement de séparation de corps lui eût-il donné raison aux yeux du monde comme elle s'est elle-même donné raison dans son for intérieur, l'enfant jeté par la décision des magistrats dans cette oscillation contre nature qui le porte tantôt auprès de son père, tantôt auprès de sa mère, n'a jamais cette allure cordiale, naïve, sincère de l'amour filial.

A quelles angoisses elle est livrée, la pauvre mère ! quelle blessure mondaine, quelle calomnie, quelle injure, quel sévice peut déchirer son cœur, à l'égal de cette arme acérée, mortelle : le doute de son enfant ! Dans cette double ambiguïté qui porte un fils tantôt au foyer d'un père qui peut outrager sa femme absente, tantôt au foyer d'une mère dont la vie est une souffrance ou bien un scandale, l'enfant peut-il puiser le sens moral, le sentiment de son devoir?

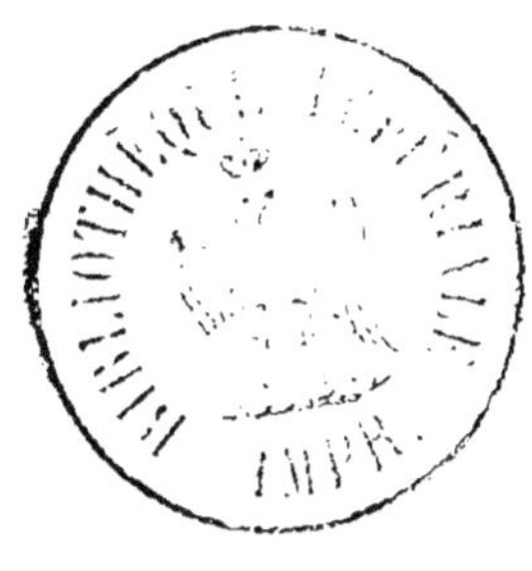

XXX

Parlerons-nous des enfants adultérins de la femme séparée de corps? Selon les chances de leur inscription risquée aux registres de l'État civil, ils portent le nom usurpé du mari, ce qui les menace d'une action en désaveu, ou bien à suivre le sort des enfants trouvés, sans nom, sans État, sans famille.

Comprend-on la misérable position d'une mère qui ne peut appeler son enfant, la créature née de sa faute?.. Comprend-on la situation donnée dans le monde, par la loi telle qu'elle est écrite, à ce fils, à cette fille à qui il est interdit d'avoir même une mère ; qui passe, s'il reste au foyer de celle-ci, pour être un enfant abandonné qu'elle a recueilli par charité ; ou bien qu'il faut envoyer au hasard de cette maternité, généreuse sans doute, mais purement administrative, sous laquelle vient s'éteindre le flambeau resplendissant de la tendresse la plus adorable ; la tendresse maternelle.

Ainsi, quelle que soit sa destinée, cet enfant devient la victime nécessaire de cette scandaleuse rupture qui n'est pas la liberté véritable, mais le mensonge odieux, imposé au père et à la mère entre lesquels sont ballottés, comme au hasard, les témoignages vivants de leur éphémère union.

XXXI

Nous connaissons un fait dont nous ne nommerons pas les auteurs, et qui est un des incidents les plus scandaleux que l'on puisse imaginer. Nous avons eu entre les mains les actes ; et nous demanderons aux législateurs si le divorce n'eût pas été le meilleur obstacle à la perpétration de cette espèce de crime civil :

Un des hommes les plus élégants d'une grande ville, d'une noble naissance, mais dont le caractère ne pouvait inspirer aucune confiance, criblé de dettes, et d'une corruption de mœurs proverbiale, épousait, il y a trente ans environ, la fille très-riche d'un artisan.

Il apportait en dot à cette femme un nom, un titre, une jolie figure et plusieurs centaines de mille francs de... dettes.

La jeune femme, assez commune, n'apportait qu'une figure presque laide, mais une grande position financière.

Le ménage à peine formé, le lion du jour reprit ses débordements du passé ; il gaspilla la fortune de sa femme, laquelle ne tarda pas à se fatiguer de la conduite de cet époux *de vanité;* la séparation de corps et de biens fut bientôt prononcée.

Chacun vécut de son côté.

Le mari continua à prendre des maîtresses. Il en eut des enfants.

La femme, de son côté, prit des amants ; elle leur donna des enfants :

Double scandale.

Une jeune fille d'une bonne famille, d'une grande beauté, d'un charme extrême, fut, à quinze ans, enlevée par le mari séparé.

L'amant eut deux fils de cette victime : et, rien n'égale le dévouement avec lequel, pendant plusieurs années, cette jeune mère prit soin de cet homme, le père de ses enfants, dont l'inconduite avait compromis sa santé et dont les ressources étaient toujours insuffisantes à une vie de désordre que la tendre sollicitude de sa maîtresse ne pouvait modifier.

De longues années s'étaient passées ainsi.

Cet homme vivait toujours d'expédients. Nous ne voulons pas raconter ici les *habiletés* de ce viveur pour subvenir à son étrange vie : aucune espèce de sens moral ne le retenait sur la pente de cet abîme de désordres... Nous dirons, le cœur soulevé d'horreur et de dégoût, que si sa jeune maîtresse n'eût pas été douée du sentiment énergique de sa propre dignité, cet homme n'eût pas rougi de la lancer, de sa propre main, dans la spéculation infâme de sa radieuse beauté et de son déshonneur, pour en profiter !...

Mais, chaque fois qu'il voulait, en la persifflant même sur sa vertu, la pousser dans la mauvaise voie, la pauvre jeune femme regardait, en pleurant, le berceau de ses deux enfants, deux fils, deux ravissantes images de leur mère; et l'amour maternel la retenait dans l'étroite fortification de sa dignité.

Le misérable ! Il lui fallait de l'argent à tout prix. — Il jouait ; il entretenait des maîtresses de bas étage ; pour l'appât de l'or, il ne reculait devant aucun moyen ignominieux.

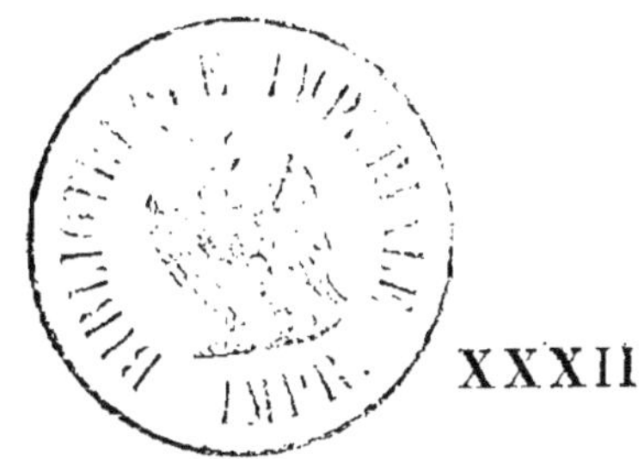 XXXII

Un jour, une pensée infâme lui vint en l'esprit : pensée d'un cynisme infernal, dont, seul, cet homme pouvait imaginer la scandaleuse combinaison.

Il se rendit chez l'agent d'affaires, chargé des intérêts de sa femme légitime : et sans vergogne, sans pudeur, il lui tint ce langage :

— Je sais que madame la comtesse de... ma femme, qui n'a pas eu d'enfants de son mari, est pourtant la mère de deux enfants adultérins, et dont le père est pour l'un, le prince *** et pour l'autre le comte ***.

Ces jeunes gens m'intéressent — et c'est dommage, en vérité, que le monde les voie circulant au milieu de la société la plus brillante, sans pouvoir leur donner un nom. Je pourrais aisément intenter à la comtesse une action en désaveu... mais... Voyons, mon cher...

Il y a, peut-être, moyen d'arranger la chose.

Proposez à la comtesse ce qui suit :

J'ai besoin de 50,000 fr., 25,000 par tête d'enfant, ce n'est guère, n'est-ce pas?

Eh bien! je propose, moyennant cette somme de 50,000 francs, de me rendre à la mairie de (tel) arrondissement et de rectifier en faveur de ces chers jeunes gens la petite faute d'orthographe légale qui les concerne, je les reconnaîtrai... mais... *donnant... donnant!...*

Cela va-t-il?

Et le marché fut conclu ; et nous avons lu le texte même du contrat qui est intervenu!

Le cœur se soulève de dégoût à lire ce chef-d'œuvre de parjure et d'infamie... Or, voyez la différence de position :

La maîtresse séduite, est un objet de mépris pour la foule : c'est une femme déclassée aux yeux du monde. En vain, elle a racheté, par son admirable dévouement, la faute qu'elle a commise en quelque sorte à son insu !

Elle vit dans l'isolement, dans l'abandon ; elle n'a même pas, pour se consoler, la tendresse de celui qui n'a fait de son déshonneur que la satisfaction impie de sa vanité. Son bonheur, le seul dont elle puisse jouir, se concentre dans l'affection qu'elle porte à ses deux fils ; et lorsque ces deux fils, les enfants véritables de ce comte *** rencontreront, un jour, les enfants adultérins dont ce mari, spéculateur contre nature, a fait l'appoint d'un contrat usuraire et monstrueux, le monde dira des premiers : ce sont des bâtards ; et des autres : Voilà les fils légitimes du comte et de la comtesse *** ! ! !

Où trouver un vocabulaire de mots assez flétrissants pour qualifier une pareille infamie ? Et d'où vient ce scandale, sinon de cette plaie légale : *La séparation de corps !*

XXXIII

Mais dira-t-on, le divorce peut-il être un remède radical aux maux que vous signalez?...

Sans aucun doute : et nous le prouverons, en
peu de mots.

Le divorce, comme toutes les grandes mesures
radicales, est doué de l'avantage habituel, c'est
d'être une rupture franche, définitive, irrévocable :
c'est une sorte de fiction légale de la mort.

Ainsi que nous le disions plus haut, la perspective du divorce amène nécessairement, de la part
des parties engagées dans l'accomplissement de
ce contrat spécial, (*le mariage*), une maturité
d'examen, une réserve qui en rend la conclusion

plus sérieuse. La jeune fille, élevée sous l'influence de principes droits, honnêtes, ne livre pas son avenir, avec une chance aléatoire aussi périlleuse que celle d'une rupture imminente qui la compromet pour toute sa vie.

Il est, en outre, dans la nature humaine, dans le cœur humain, de se sentir d'autant plus engagé qu'on peut librement contracter et résoudre un contrat onéreux.

Si l'affection préside au début de ce saint engagement, la perspective de cette rupture, autorisée par la loi, rend les époux plus circonspects l'un vis-à-vis de l'autre.

L'affection et la dignité personnelle sont très puissantes à sauvegarder le contrat. Les époux, s'ils sont heureux, ménagent avec sollicitude leur bonheur; ils ont une certaine crainte de voir s'échapper la solution de ce terrible problème : le bien-être dans la vie commune; et la faculté qui leur est donnée d'user d'une liberté qui peut être la conséquence du plus grand de tous les maux : la mésintelligence domestique, est pour eux le motif le plus sérieux de serrer leur chaîne.

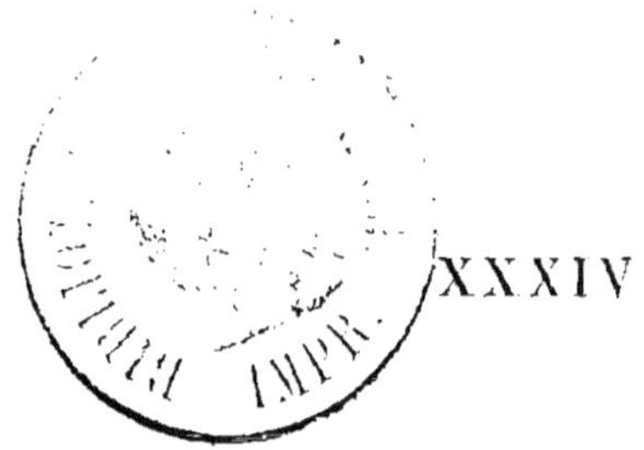

XXXIV

Le divorce reposait, sous l'empire du code, avant son abrogation par la loi du 8 mai 1816, sur des causes très-nettement, très-simplement, très-justement énoncées.

D'abord la cause *d'adultère*.

Le scandale de la *séparation de corps* par suite de ce délit est incurable : et l'on ne comprend pas, en vérité, comment le législateur a pu placer deux époux dans cette alternative : ou d'accepter la honte de l'adultère et de *s'en arranger*, signe manifeste de la décadence des mœurs d'une nation corrompue; ou bien de laisser à l'époux coupable, une sorte de champ libre à la perpétration de ses désirs.

La seconde cause est l'existence *d'excès, sévices* ou *injures graves :*

C'est la dignité de la vie commune qui a préoccupé bien légitimement ici le législateur : à la suite de cette cause vient se placer souvent un délit correctionnel, et quelquefois même le crime !

Une femme outragée doit être défendue énergiquement par la société contre la plus grande lâcheté que puisse commettre un homme : et certes, l'idée de la vie commune à de pareilles conditions devient impossible.

La troisième cause, c'est la *condamnation de l'un des époux à une peine infamante.* Énoncer une pareille disposition suffit pour en démontrer l'efficacité légitime.

La disolution du mariage est prononcée, lorsque l'un des époux à encouru une condamnation définitive à une peine emportant *mort civile,* (art. 227. C. C.), c'est-à-dire lorsqu'il y a eu condamnation aux travaux forcés à perpétuité et à la déportation (art. 17. 18 C. P.).

Cette dernière peine est, on le sait, assimilée à celle des travaux forcés à perpétuité.

Il est évident ici que, mettant même à part le

stigmate infamant qui ne peut être mis en commun entre deux époux, la perpétuité de la peine est une assimilation réelle à la mort.

Rien de plus naturel que cette dissolution du mariage qui a pu survivre au divorce.

Enfin, la quatrième cause, c'est le consentement mutuel (art. 233. C. C.). Le commentaire se trouve textuellement formulé dans le code. Entouré de certaines garanties nécessaires pour qu'il n'y ait pas surprise, *le consentement mutuel* prouve, dit la loi, que la vie commune est insupportable et qu'il existe par rapport aux époux, *une cause péremptoire* de divorce.

Rien ne caractérise mieux, selon nous, l'intention du législateur du 21 mars 1803, que cette formule. Elle s'inspire, quoique exprimée en peu de mots, d'un sentiment philosophique et psychologique très exact.

XXXV

La vie commune !

C'est l'épreuve incessante, moment par moment, du dévouement. Les moindres détails, les nuances les plus circonstanciées, les occasions les plus différentes mettent en présence deux natures exposées au travail délicat des passions humaines. Si le partage de la vie, telle qu'elle est réglée par les usages du monde, expose souvent les hommes aux plus ardentes querelles, bien que les phases de cette communauté indirecte soient différenciées par de longs intervalles, comment ne pas comprendre que la vie partagée entre deux époux les expose à de cruels mécomptes.

Ce n'est pas chose frivole ni indifférente que la *sympathie* ou *l'antipathie* : Dans ces deux mots se résument le bonheur ou le malheur de deux existences.

Les actes de dévouement sont des exceptions; les mille détails de la vie commune peuvent créer le plus grand charme ou la plus grande souffrance. Rien n'est fatal dans un ménage comme cette triste parole :

« Je n'ai rien à lui reprocher... mais elle me déplait en toutes choses ! »

Que de sentiments étranges, bizarres, imprévus, se signalent ainsi !

Et pourtant, ce ne sont pas là des fautes, des délits, des crimes... à peine si l'un des époux a le droit d'adresser à l'autre un reproche sérieux : la conduite est honorable, le dévouement mis à une épreuve absolue : et, malgré tout, il faut que la communauté d'abord languissante, finisse par se dissoudre. C'est une lueur qui s'éteint...

Il y a, disent les légistes, simplement : *incompatibilité d'humeur!*

Et la loi prononce, très justement selon nous, le divorce.

XXXVI

Telles sont les causes du divorce.

Maintenant, examinons-en les conséquences.

Partons d'abord de ce principe :

C'est que le chagrin que cause une mort naturelle n'est pas comparable aux douleurs que cause une vie dans laquelle est entré le désordre des cœurs.

Pour l'une, il y a une certaine douceur dans le regret; et toujours, il reste une dignité réelle à la subir.

Pour la vie scandaleuse de la séparation de corps, qui n'est qu'une vie factice, il n'y a que de l'irritation : nul regret, nulle dignité.

Le divorce, avons nous dit, est une fiction de la mort légale.

Et, sans aucun doute, cette rupture, cette dissolution complète du lien formé fait des deux divorcés deux êtres séparés à jamais l'un de l'autre par une sorte de veuvage légal.

De pénibles scènes d'intérieur, des sévices, des injures ; c'était l'orage de cette triste communauté :

La séparation est consommée ; la délivrance mutuelle est résolue. De ce moment-là même naît entre les deux associés de cette chaîne impossible, une sorte d'allégement qui ressemble à celui du prisonnier qui a reconquis sa liberté : cet homme ne maudit plus ses geôliers aussitôt qu'il a senti l'air libre rafraîchir son visage : Il a laissé la pesanteur du boulet de la servitude au seuil même de la prison.

Il y a plus : le souvenir des souffrances morales qu'il a subies n'est pas sans un certain sentiment indéfinissable qui vient de la douleur éprouvée et qui n'est pas sans charme.

C'est un instinct, propre à notre nature, qui s'anime, presque malgré nous, à ce foyer essentiellement humain que l'on nomme la douleur : soit curiosité de l'âme, soit excentricité de position, soit sensation inconnue de l'esprit, l'homme est ainsi fait que l'indulgence de sa nature le gagne, aussitôt qu'il est sorti du danger ou de la peine directe.

La fin des préoccupations douloureuses inspire une pensée rassurante qui est presque l'espérance du bonheur. Toute idée de scandale pour l'avenir s'est effacée : Le souvenir même du mal s'est adouci.

Une des nuances mondaines les plus remarquables dans la pratique, c'est que presque jamais deux époux, séparés de corps, ne se sont rencontrés dans le monde, sans un sentiment de gêne et quelquefois d'inimitié ; et que deux anciens époux, divorcés, ont pu, parce qu'ils étaient étrangers l'un à l'autre, se trouver dans les mêmes cercles, avec convenance, déférence et dignité.

Évidemment, c'est à la rupture définitive, à l'absence complète du scandale, à la liberté mutuelle qui sont la conséquence nécessaire du divorce, que l'on doit le maintien de ces égards réciproques.

 XXXVII

En résumé :

Le mariage doit trouver dans le divorce un élément sérieux qui empêche les pères de famille de
conclure légèrement un contrat auquel se rattache
la question du bonheur ou du malheur pour leurs
enfants;

Le scandale de la séparation de corps se dresse
devant l'avenir;

La liberté des époux, reconquise sous l'empire
du divorce, détruit en eux tous les éléments de
haine qui surexcitent les époux séparés de corps,
mais enchaînés aux yeux du monde;

Enfin, la dignité du corps social est, selon nous,

engagée tout entière dans l'abolition de la séparation de corps qui n'est que la consécration d'un scandale, et qui, sans aucun doute, a été la cause de beaucoup de crimes, depuis la loi de 1816, dont nous demandons l'abrogation.

ABOLITION

DE

LA SURVEILLANCE LÉGALE

DE LA HAUTE POLICE

ET

SON REMPLACEMENT PAR LES COLONIES PÉNALES

14

ABOLITION

DE

LA SURVEILLANCE LÉGALE

DE LA HAUTE POLICE

ET

SON REMPLACEMENT PAR LES COLONIES PÉNALES

I

Il existe dans le *Code Pénal* trois articles qui sont suspendus sur la tête des hommes qui y sont soumis, comme l'Épée menaçante est suspendue sur la tête de Damoclès.

Voici le texte de ces trois articles :

Art. 11. « Le renvoi sous la surveillance de la haute police... est une peine commune aux matières criminelles et correctionnelles. »

Art. 44. L'effet du renvoi sous la surveillance de la haute police sera de donner au gouvernement le droit de déterminer certains lieux dans lesquels il sera interdit au condamné de paraître après qu'il aura subi sa peine. En outre, le condamné devra déclarer avant sa mise en liberté, le lieu où il veut fixer sa résidence; il recevra une feuille de route réglant l'itinéraire dont il ne pourra s'écarter, et la durée de son séjour dans chaque lieu de passage. Il sera tenu de se présenter dans les vingt quatre heures de son arrivée devant le maire de la commune; il ne pourra changer de résidence sans avoir indiqué, trois jours à l'avance, à ce fonctionnaire, le lieu où il se propose d'aller habiter et sans avoir reçu de lui une feuille de route.

Art. 45. En cas de désobéissance aux dispositions prescrites par l'article précédent, l'individu mis sous la surveillance de la haute police sera condamné par les Tribunaux correctionnels à un emprisonnement qui ne pourra excéder cinq ans.

Nous avons voulu que le lecteur eût sous les yeux le texte même de ces articles.

Nous ignorons quelle sera son impression; mais, nous avouons ingénûment que nous ne pouvons en lire le texte, sans éprouver une sorte de frisson au cœur, en songeant à ce qu'il y a de terrible, de menaçant, d'implacable, dans ces dispositions légales.

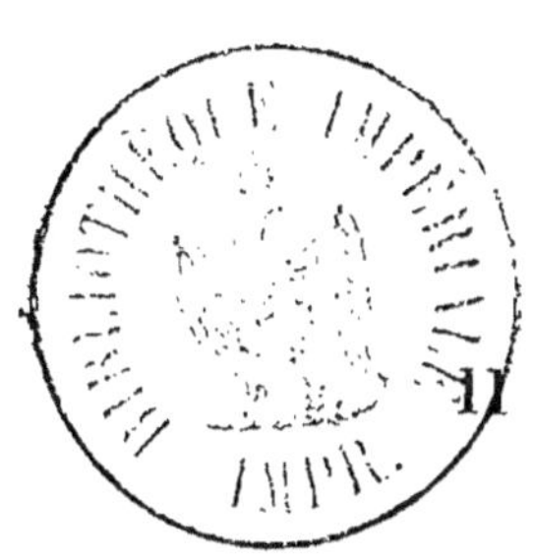

Et d'abord, nous ne comprenons pas comment le législateur n'a fait aucune distinction entre les *crimes* et les *délits*, en prononçant la peine de la surveillance tant pour les matières *correctionnelles* que pour les matières *criminelles*.

C'est, il nous semble, infliger une sujétion bien dure au simple *délinquant*, que de le soumettre aux mêmes incidents de défiance que l'homme qui a commis un *crime*.

En second lieu, le législateur nous paraît avoir commis une espèce de conflit d'autorité, en « donnant au *gouvernement* le droit de déterminer certains lieux dans lesquels il sera interdit au condamné de paraître, après qu'il aura subi sa peine. »

C'est une immixtion directe du pouvoir exécutif, non pas dans l'application de l'administration pénale, mais dans une décision inhérente à la pénalité elle-même.

III

Selon nous, la préoccupation la plus grande
qui doive diriger le législateur, c'est, en matière
pénale, de chercher l'amélioration de l'homme
qui s'est laissé entraîner à commettre un délit ou
un crime.

C'est donc, toujours, la question de la dignité
qu'il s'agit, avant tout, de sauvegarder, même en
faveur du citoyen le plus dégradé.

On entend dire bien souvent aux hommes du
monde : « Mais quelle pitié méritent de pareils
misérables ? Pourquoi s'en préoccuper ? »

Notre réponse est bien simple :

C'est la sécurité même de la société qui est engagée dans la question d'amélioration que nous poursuivons en ce moment. En constituant pour les *repris de justice* un sort qui puisse leur rendre un peu de leur dignité, l'on a quelque chance d'améliorer leur situation, et par conséquent d'épargner à la société une récidive qui n'a pour résultat que de créer un ennemi presque irréconciliable avec le monde.

Mais voyons si la surveillance de la haute police peut avoir pour effet de donner au repris de justice une situation qui puisse le sauver.

Que se passe-t-il dans la pratique ?

IV

Le condamné a subi sa peine :

Il va être remis en liberté.

Il lui faut être assuré qu'en reprenant une place quelconque auprès de ceux qu'il a quittés, il pourra trouver un accueil indulgent. Si son crime n'a pas détruit, de fond en comble, l'intérêt qu'il avait inspiré; s'il retourne dans sa famille; s'il est sûr de pouvoir reprendre un travail honnête qui subvienne à ses besoins; s'il éprouve un repentir sincère; si ses anciens amis ont conservé, pour sa personne, une sympathie assez forte pour résister au souvenir de sa faute; l'homme rendu à la liberté, peut, malgré les formalités de la surveillance, revenir au bien. Il n'a pas à rougir de sa malheureuse position; il peut rencontrer un appui presque sympathique; les autorités, chargées de l'application de cette mesure, peuvent, en considération de sa famille, pallier ce qu'il y a de pénible dans la périodicité de ses démarches.

L'indulgence peut émouvoir son cœur, quand sa nature n'est pas devenue rebelle aux douces émotions; la bienveillance de l'autorité, la sollicitude des siens, la protection même de ses patrons peuvent lui ouvrir comme une carrière nouvelle. Son avenir n'est pas brisé; la peine qu'il a subie est un enseignement qui peut l'arrêter tout à fait et pour toujours sur la voie du crime.

La surveillance n'a, dans ces circonstances, rien de trop pénible. C'est une sauvegarde dont le principe tutélaire n'a rien de compromettant, parce que le surveillé n'a pas à s'en défendre. Le milieu dans lequel il vit ne s'en étonne pas : et souvent, le maire de la commune, homme droit et juste, profite de ces visites obligatoires, pour relever le condamné à ses propres yeux, en lui donnant, d'abord, de bons conseils, puis en lui accordant quelques éloges, pour sa bonne conduite.

On voit qu'ici l'effet de la surveillance n'a rien
qui puisse empêcher celui qui y est soumis de se
réhabiliter. On peut même dire que cette mesure
est presque inutile : Elle pourrait donc s'effacer de
nos Codes lorsque le prisonnier déclarerait qu'il
choisit sa propre commune pour sa résidence,
au sortir de la prison.

V

Mais il en est tout autrement, lorsque le condamné se voit forcé d'accepter du Gouvernement la résidence qui lui est imposée.

Tout le monde a lu les admirables pages de notre grand poëte, de Victor Hugo, dans *les Misérables,* sur les démarches sombres de Jean Valjean, après avoir quitté le bagne.

On se rappelle les précautions cauteleuses, cachées, de ce malheureux Paria, forcé de faire viser sa feuille de route, et sentant, à chaque pas, le pas de l'agent de police qui le poursuit, le traque, comme une bête fauve!

Cette histoire de Jean Valjean, c'est l'histoire de tous les repris de justice placés sous la surveillance de la haute police.

VI

Un mot sur cette partie mystérieuse de notre administration : la Police de sûreté.

Sans aucun doute, cette institution est impérieusement nécessaire dans une société comme la nôtre, où les vols, les assassinats, les crimes contre nature, donnent encore un contingent si redoutable à nos prisons !

Mais il est certain que les fonctionnaires qui président à l'application de cette partie de la Police, doivent apporter une attention bien délicate, bien scrupuleuse à l'application de la loi.

On ne peut se figurer l'influence exercée sur le peuple par cette mesure : *la surveillance légale !*

Le prisonnier est sorti de sa prison ; il se rend, étape par étape, au lieu qui lui est assigné : les gendarmes, les sergents de ville, les agents secrets, sont prévenus de son passage : l'œil de la Police le suit partout.

Pourtant, pendant les premiers jours, il n'est pas trop inquiété :

Mais s'il a emporté, de la prison, quelques économies, *sa masse* est bientôt épuisée ; il lui faut trouver du travail... quelle est la porte d'atelier qui va s'ouvrir pour lui ?

Il cherche bien longtemps avant de rencontrer le moyen de ne pas mourir de faim. Ses intentions sont excellentes ; et souvent, il a pu obtenir du Directeur de la Prison un certificat de bonne conduite. Bien des patrons le repoussent pourtant ! Supposons qu'il rencontre l'homme le meilleur, le plus indulgent, le plus sagement philosophe. Supposons que ce patron se soit lui même rendu compte des effets désastreux de la surveillance légale ? On l'accueille avec indulgence, on l'encourage avec bonté ; s'il travaille bien, le patron lui sert de protecteur ; il finit par conquérir l'estime générale.

Mais, pourtant, ses camarades ne manquent pas de remarquer que ses démarches sont parfois mystérieuses; il se rend périodiquement à la mairie : Pourquoi ?

« *Serait-ce un mouchard?* »

Cette trivialité se fait jour bien vite dans les ateliers.

Il a, parfois, la visite des sergents de ville : on le voit avec des gens qui sont connus pour être des agents salariés de la Police.

Si l'envie s'en mêle, le pauvre surveillé tombe bientôt sous ses atteintes; le soupçon fait des pas bien rapides dans ces ruches du travail où le frelon jure bientôt au milieu des abeilles; si ce n'est pas un *mouchard*, c'est un *repris de justice!*

Une fois le secret divulgué, rien ne le protège : Le malheureux est bientôt l'objet du dédain. On l'évite; on s'écarte de lui; les prévenances du patron même sont autant d'armes dirigées contre le *Paria*.

Le découragement gagne l'ouvrier; son isolement l'accable : il n'a plus d'ami... le voilà forcé de se replier sur lui-même. Les souvenirs du passé

se dressent devant lui : son crime est là, comme
un remords irritant : sa tête, alors, s'égare ; et lorsqu'il voit que la société le repousse, la pensée fatale de la récidive s'empare de son esprit, comme
lui offrant une sorte d'asile : la prison qu'il a quit-
tée, fût-ce le Bagne, c'est du moins pour le relaps,
pour le proscrit, la terre de ses pairs.

Tous ceux qui ont été rivés à la même geôle,
attachés au même boulet, n'ont, du moins, rien à
se reprocher. Dans ce milieu des crimes, aucun
homme ne viendra lui jeter à la face : « C'est un
repris de justice ! »

Et dès ce moment, l'intention de retourner à la
prison devient son point fixe. Rien, hélas ! ne lui
sera plus facile !

« Oui, s'écriait un homme en rupture de ban,
et traduit devant la Police correctionnelle, oui,
M. le Président, j'ai rompu mon ban, parce que
j'étais reconnu, signalé aux camarades comme un
repris ! oui je l'ai rompu ; et lorsque vous m'aurez
donné mes cinq ans... soyez tranquille ; on me
repincera ! Je ne suis plus bon à rien. Vous m'avez
rendu tout travail impossible... lorsque je sortirai
de prison, je volerai vite pour que l'on m'y ra-

mène. Et puis quand je me sentirai trop vieux pour travailler. Eh bien ! je saurai bien m'arranger de manière à en finir ! ce sera l'affaire de *monsieur Sanson !* »

VII

Que l'on ne s'imagine pas que ce soit un langage fait à plaisir :

Un tout jeune homme avait commis un vol; et après être sorti de la prison de Melun, il n'avait pu rester dans une petite ville qui lui avait été assignée.

Paris est d'une grande ressource pour les condamnés à la surveillance :

Ce jeune homme (de 29 ans à peine), y avait trouvé de l'emploi dans un journal. Il s'y était bien conduit.

La Police, qui le cherchait, mit un jour la main sur lui.

Le scandale de son arrestation lui fit tout perdre : Position, crédit, espérance. Il fut réincarcéré !...

Dès ce jour, il prit la société en haine : Il commit vols sur vols. Le malheureux est au bagne : Il y restera non parce qu'il est condamné *à perpétuité*, mais, a-t-il dit, en y entrant, par goût, et pour échapper à la surveillance de la haute police.

Si les condamnés à cette peine, et qui sont arrêtés sous prévention de rupture de Ban, ne deviennent pas, comme ce jeune homme, des espèces de bêtes féroces, ils ne sortent de leur position que par le suicide.

VIII

En 1846, un palefrenier de la maison du Roi,
était chargé du soin des chevaux de la Garde na-
tionale à cheval : Tout le monde se louait d'avoir
affaire à ce brave homme. Depuis vingt ans, il
avait conquis l'estime de ses chefs : Père de famille, il élevait ses enfants avec la plus tendre
sollicitude.

Un jour deux gendarmes, accompagnés d'un
commissaire de Police, entrèrent dans son modeste appartement. Il fut arrêté sous la prévention
de rupture de Ban.

Le pauvre homme profita d'un instant de négligence des agents de l'autorité, se jeta sur un
rasoir qui était à sa portée, et se coupa la gorge.

IX

Mais, dira-t-on, voulez-vous qu'on laisse un condamné, sans aucune garantie, au sein de la société dont il a troublé le repos? Voulez-vous que le voleur puisse circuler, librement, dans nos villes ; et n'est-ce pas chose nécessaire, indispensable d'apporter un obstacle sérieux à l'ubiquité du crime ?

Sans aucun doute, mais nous estimons que la société qui se doit à elle-même une protection efficace contre les repris de justice, doit aussi sa protection à celui qui, ayant payé la dette de sa faute par les rigueurs de l'emprisonnement, s'efforce de la réparer.

Pour cela, nous devons emprunter à la législation anglaise un remède souverain, en instituant pour les condamnés de certaines catégories la triste faculté de se refaire une nouvelle existence dans une *Colonie Pénale*.

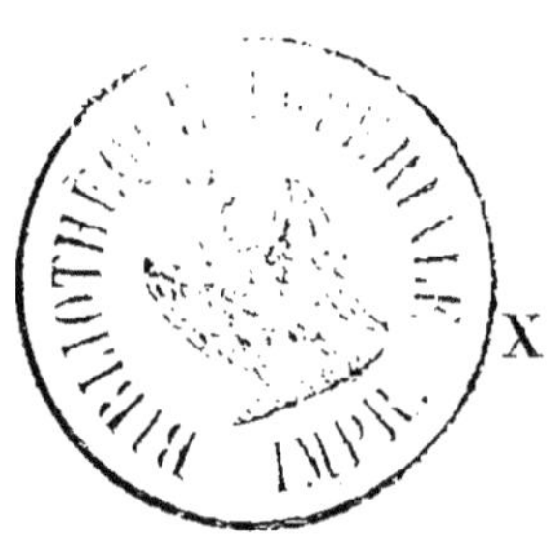

Le premier moyen à employer pour réduire le
nombre des hommes qui commettent les crimes
qualifiés et qui peuplent les bagnes, est, évidemment, l'éducation.

Le second moyen est le travail : et, sans s'imposer la pression d'aucun système qui implique
une organisation utopique du travail, il faut,
néanmoins, que la société ne perde pas de vue
que sa tranquillité, sa sécurité matérielle et morale sont liées à la nécessité impérieuse d'empêcher l'homme pauvre de se dégrader par la men-
dicité ou de se perdre par le vol.

Il faut que les administrateurs de l'État, les

chefs d'usine, les fabricants, les négociants, les propriétaires, les rentiers, se décident non-seulement à faire ce qu'ils font déjà si largement, c'est-à-dire encourager l'industrie et le commerce, mais encore à s'organiser en Congrès du travail. Expliquons-nous :

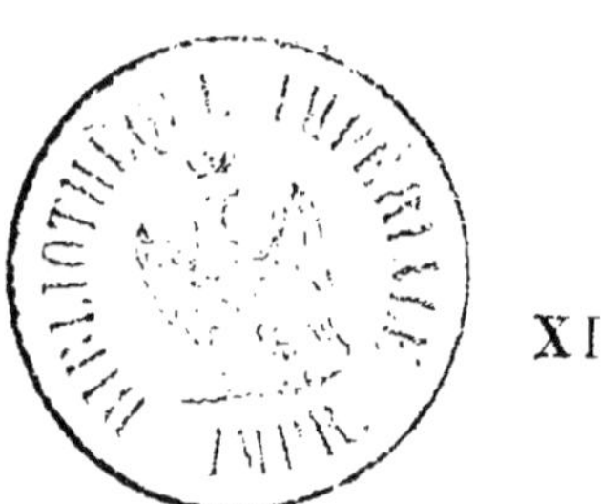

XI

Je me souviens d'avoir, à Londres, examiné le plan d'un économiste distingué, M. Charles Mayhew, qui a formé une compagnie ayant pour objet de suivre les condamnés hors de la prison, après l'expiration de leur peine.

Il avait trouvé des capitalistes *humanitaires* (espèce assez rare), des économistes, des gens de bien qui pratiquent la philanthropie plus qu'ils n'en raisonnent, des administrateurs de bureaux de bienfaisance qui ne mêlaient pas les considérations de religiosité ou de fanatisme à la répartition des secours ; enfin des gens très-charitables, portant les aumônes à domicile à ceux qui sont honteux de les demander, et non à ces rentiers de la misère qui se croient des droits acquis au budget des secours.

Le système de cet économiste pratique consistait à charger des hommes dévoués à l'amélioration des repris de justice, de se mettre en rapport avec les condamnés et de leur préparer du travail pour l'époque à laquelle ils sortaient de prison.

Certes, c'est là une grande pensée, un système digne de sympathie, et qui a dû réussir en Angleterre, où presque toutes les idées trouvent *de l'argent et des hommes.*

 XII

Les économistes, les criminalistes, les hommes d'État se livrent à mille efforts généreux pour arriver à améliorer le personnel des prisonniers en vue de l'avenir.

Deux systèmes ont été essayés : le *système cellulaire* et les *colonies pénales*.

L'Angleterre et l'Amérique ont été et sont encore les premières nations qui se soient dévouées à cette amélioration pratique :

Les avantages et les inconvénients du système cellulaire appliqué chez nos voisins ont été l'objet de nos méditations ; et nous avons reconnu que là, comme en toute chose, rien n'est parfait. Mais il faut savoir gré à une nation des efforts qu'elle fait pour arriver au meilleur régime d'administration publique; et s'il est une étude digne de toute l'attention des législateurs, c'est bien celle de ces vastes établissements, où le crime va s'éteindre ou s'alimenter; où le vice même à l'état de germe, peut avorter ou bien croître, grandir, prendre de la sève, se répandre dans le cœur du coupable, et rendre à la société un membre dans la blessure de qui la gangrène s'est insinuée.

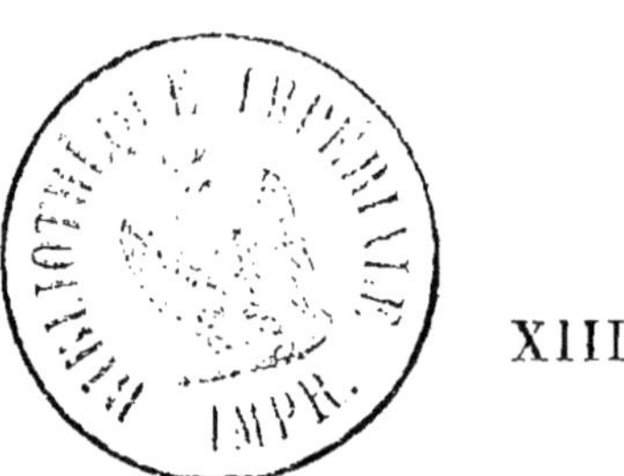

XIII

En résumé, le principe qui domine en Angleterre et en Amérique, principe dont nos lois en France affectent d'avoir saisi les meilleures dispositions, c'est le principe de la *claustration*, en matière de pénitencier. La pensée qui a dirigé le législateur est plus du domaine de la théorie que de la pratique : supposer le remords pour élément de retour au bien, est sans contredit un principe plein de moralité ; chercher à l'exciter dans le cœur du coupable, est inspiré par un pressentiment philosophique. Mais songe-t-on bien à la véritable cause du remords ? et se rend-on un compte bien exact de ses effets ? Quant à la cause, elle est, ce nous semble, plus dans l'exemple du bien

que dans le reproche intime. Ce travail intérieur
du cœur humain engendre le plus souvent la souffrance, aigrit la passion du prisonnier, et, le laissant à ses propres inspirations, souvent mauvaises, la plupart du temps stériles, peut lui faire
haïr le genre humain au lieu de lui préparer le
calme de l'âme.

Sans doute, le plus grand danger qui menace
le prisonnier au milieu de ses pairs, est de perpétuer ou de perfectionner ses penchants au crime
par le spectacle qu'il a sans cesse sous les yeux, et
par les résultats de cette instruction fatale qu'il
reçoit dans le préau ou dans l'atelier commun de
la prison. Mais n'est-il à ce contact dangereux
d'autre remède qu'une séparation complète par
l'isolement? C'est ce qui préoccupe depuis longtemps les criminalistes, sans qu'ils aient apporté,
dans les tentatives de la pratique aucune amélioration réelle.

En Angleterre et en Amérique, il n'est aucun
rapport (*report*), aucun compte-rendu des prépo-
sés à l'inspection des prisons cellulaires, dont la
conclusion ne soit douteuse, sinon contraire à la
claustration.

XIV

Cela dit sur le système cellulaire, occupons-
nous de ces colonies réservées au crime.

La peine de la déportation est une de nos questions ajournées dont la solution se fera longtemps
attendre. En France on est fort long à se décider
à l'application des théories pénales. On nous a
placés à la tête de la civilisation et l'on a eu raison, s'il s'agit de classer les peuples dans l'ordre
de l'imagination; mais l'exécution ne répond pas,
il faut en convenir, à l'audace des spéculations de
l'esprit. Dans notre siècle surtout, nous affectons
une prudence qui semblerait être le symptôme
d'une modification radicale dans le caractère de
notre pays.

En matière d'industrie ou d'organisation administrative, nous commençons à sortir de la routine, nous nous étions mis trop volontiers à la remorque des pays étrangers. Que l'on se rappelle nos lenteurs en matière de chemins de fer? Nous laissions à l'Angleterre, à la Belgique, même à l'Allemagne, le pas sur nous. Les sessions s'écoulaient au plus grand honneur de la polémique souvent stérile de la tribune parlementaire; et c'est à peine si nos législateurs nous accordaient quelques tronçons de rails; tout le monde pouvait, à bon droit, s'étonner de ce que la France n'eût pas, elle, l'audacieuse, la téméraire par excellence, sillonné le sol de railways.

Il faut avouer que, sous ce rapport, nous avons fait depuis quatorze ans des pas de géants.

XV

En matière pénale, nous devrions chercher pour nous, l'application des meilleurs systèmes : et, il est évident que nous ne saurions en trouver un meilleur que le système des *colonies pénales anglaises*.

Il est vrai que, depuis bien longtemps, cette grave question est, chez nous, à l'étude et reste en suspens.

En 1819, des administrateurs eurent la pensée de créer des colonies pénales. MM. de Siméon, de Laborde et de Gérando abordèrent la question ; mais un homme qui avait fait de la déportation une cruelle expérience, Barbé Marbois, présenta à la Chambre des pairs une motion fort énergique, demandant au pays de rayer pour jamais de nos codes, cette peine qui est la souffrance physique, augmentée de la souffrance morale, c'est-à-dire, les privations de la vie matérielle avec les angoisses de l'exil.

Sans doute, l'éloquente réclamation du prisonnier de Sinnamary, qui devait faire sur la chambre une profonde impression, lui attira le témoignage d'une sympathie due à ses douleurs ; mais sa proposition fut rejetée, et l'on voulut, au contraire, profiter de cette initiative pour demander une loi qui organisât la peine de la déportation. Parmi les défenseurs de ce système, on comptait MM. de Barante, Lanjuinais, Decazes et de Pastoret. Ce dernier, retournant contre Barbé-Marbois l'argument même de son exil, eut un de ces mouvements heureux d'éloquence qui, presque toujours, réussissent dans une assemblée délibérante, lorsqu'il s'écria « que la France devait, au contraire, se sentir reconnaissante pour la colonie pénale de Sinnamary, qui avait conservé la tête si précieuse des infortunés, arrachés par la peine de la déportation à la hache révolutionnaire.

Peut-être l'illustre déporté et ses contradicteurs eussent-ils réussi à s'entendre, s'ils avaient mis une extrême franchise dans la discussion. Ce qui les divisait, ce qui divise presque toujours les hommes d'État sur les questions de cette nature, c'est le fond même, c'est le principe caché de ces lois exceptionnelles.

Barbé-Marbois repoussait la peine de la déportation appliquée à des faits politiques ; les autres la réclamaient au nom de la sécurité publique contre les forçats, les voleurs et les assassins.

XVI

Depuis 1819, on a beaucoup discuté sur cette question, mais toujours en pure perte. On a demandé la colonisation des forçats ; les Chambres, les conseils généraux ont, tour à tour, exprimé des vœux pour que l'on s'occupât définitivement de cette organisation ; et, il faut le dire, les hommes qui se sont voués principalement à l'étude des lois pénales, ceux qui ont éclairé les questions pénitentiaires de leur expérience, MM. de Tocqueville, de Beaumont, Rossi, Lucas, de la Pilorgerie se sont trouvés unanimes pour combattre le principe des colonies pénales.

Sans doute, leur opinion, dans ces graves matières, est de nature à ébranler la foi des partisans du Botany-Bay; mais en s'inclinant devant leur unanimité, ne faut-il pas aussi se défier un peu de leur compassion? car, c'est chose remarquable : presque tous les hommes qui ont été appelés par leurs fonctions ou par leurs travaux à pénétrer dans l'intérieur des prisons ou des bagnes, se sont trouvés saisis d'une pitié qui a dû modifier le sentiment qu'ils éprouvaient au seuil de la porte. Le spectacle des souffrances humaines devient un voile jeté sur le crime, et souvent, en visitant des prisonniers, on oublierait presque ce qu'ils ont été, en voyant ce qu'ils sont.

En Angleterre, on apporte plus de sang-froid dans ces études, qui touchent de si près le cœur humain; on demande plus à l'expérience et à la pratique ce que nous demandons à nos sentiments et à nos impressions; et tandis que chez nous la peine de la déportation est depuis près d'un demi-siècle sous la domination des préjugés ou du doute, les colonies pénales sont en Angleterre l'objet de tentatives incessantes, dans lesquelles on trouve des inconvénients, des périls, comme il en est dans toute organisation humaine, mais où nous pourrons reconnaître de hauts et utiles enseignements.

XVII

Deux principes ont préoccupé presque toujours les partisans de la colonisation pénale : d'abord, d'affranchir la société des membres dangereux que la gangrène du crime peut rendre contagieux et qui y demeurent toujours redoutables et terribles : en second lieu, de délivrer le coupable lui-même de la crainte qui pèse sur lui, en présence de ses semblables, crainte qui paralyse souvent son désir de revenir au bien.

Tel est le double élément sur lequel repose l'organisation des colonies pénales anglaises.

XVIII

Chez nos voisins, presque toutes les institutions ont déjà la consécration d'une longue expérience ; les colonies pénales remontent au commencement du dix-septième siècle.

Peut-être la politique sous Jacques Ier et sous Jacques II, a-t-elle été le principal élément de déportation ; car c'est en 1685 que, dans une correspondance mémorable, le juge Jeffreys apprend de lord Sunderland que le roi a *fait cadeau* à ses favoris de mille condamnés et de cent à une dame de la reine.

Durant près d'un siècle, la peine de la déportation fut mal organisée ; avant 1688, on s'occupait très-peu du sort des déportés : de 1688 à 1787, quelques tentatives d'amélioration furent faites, mais on ne peut néanmoins reconnaître là les principes de moralité et de sécurité que se proposaient les législateurs et les organisateurs du système pénitentiaire de Pensylvanie.

Ainsi, des colons de l'Amérique du nord traitaient de gré à gré avec le gouvernement anglais ; on se chargeait à forfait du sort des *Convicts* (condamnés) ; on les transportait dans les forêts du Nouveau Monde, moyennant une somme de 20 livres sterling (500 fr.) par tête d'homme ; et le colon, emmenant en Amérique cette nouvelle espèce d'esclaves, se servait des convicts anglais comme de nègres ; c'est-à-dire que la déportation était devenue l'exil et l'abaissement de la race humaine à l'état d'esclavage ; le *convict* était un esclave déguisé : on aurait pu nommer cette sorte de spéculation : la traite des déportés.

On conçoit qu'un tel état de choses ne put durer : et l'on peut s'étonner qu'à la suite des mouvements du puritanisme et des institutions libérales introduites en Angleterre en 1688, un siècle entier se soit passé sans qu'aucune modification s'introdui-

sît dans cette cruelle pénalité. En vain les jurisconsultes anglais, Blakstone, Eden, Howard,
avaient proposé l'abolition de ce genre de déportation : plusieurs années s'écoulèrent de la sorte.

Cependant, ces réclamations énergiques avaient
amené une diminution notable dans le nombre des
déportés, mais les prisons de la mère patrie regor-
gaient de coupables, et il fallut appliquer ce que
le principe de la déportation contenait d'utile pour
la sécurité de la société anglaise, et pour l'amélioration du moral du condamné.

Cet état de choses était d'ailleurs assez alarmant,
pour ne pas rester dans le domaine d'une discussion de jurisconsultes ou de philosophes ; le roi
lui-même était amené à en entretenir son parlement; et, à l'ouverture de la session de 1787, il
appelait impérieusement l'attention des Chambres
sur cette question vitale.

XIX

Il faut le dire : chez nos voisins, de tout temps,
les discours d'ouverture n'ont jamais absorbé,
comme chez nous, le temps le plus précieux de la
session parlementaire : on sait comment cela se
pratique. Au jour désigné, le souverain convoque
les Chambres ; il prononce son discours, et se retire.
Les Chambres rentrent dans leur local respectif :
toutes les questions à l'ordre du jour destinées à
entrer dans la dicussion de l'adresse, en réponse
au discours du Trône, sont, à l'instant mises sur
le tapis ; les orateurs se succèdent rapidement pour
adopter ou modifier un projet d'adresse, rédigé par
un des membres de la Chambre : les discours les

plus savants, les plus sérieux, les plus éloquents, retentissent dans ces enceintes, où, sans apparât, sans tribune, mais de sa place, l'orateur développe ce qui n'est pas le fruit éventuel ou précoce de sa science éphémère sur la politique du moment, mais bien ce que ses études libres et spéciales ont fait germer depuis longtemps dans son esprit : et le soir même de ce jour d'ouverture les questions sont épuisées, la politique du cabinet s'est mise à découvert, les questions théoriques du moment sont vidées, l'adresse est votée, les membres du parlement se sont retirés, chacun chez soi, pour revenir le lendemain et commencer immédiatement la discussion des intérêts réels et sérieux de leur pays : cela se passe de nos jours... en Angleterre : et cela se passait de même, en l'an de grâce 1787, au mois de janvier, pour cette grave question des colonies pénales.

« *Et nunc, erudimini.....* etc. »

XX

Si bien que le 13 mai, de cette même année 1787,
on eût pu voir cingler vers Botany-Bay, sur la
partie de la côte Est, de la nouvelle Hollande, bap-
tisée par le capitaine Cook : *new-south wales* (Nou-
velle-Galles du sud), 11 voiliers, en tête le *Syrius*,
approvisionnés pour deux ans, ayant à bord, le
major commandant, 3 capitaines, 24 officiers,
168 soldats (emmenant avec eux 28 femmes et 14
enfants) 801 condamnés, dont 192 femmes, 13 enfants, le tout reparti, sur six bâtiments : en tout
1,848 passagers : et en janvier 1788, c'est-à-dire
huit mois après, on vit arriver sur cette terre
lointaine les colons nouveaux qui avaient perdu

32 condamnés, morts dans le trajet. C'était à cette époque que l'infortuné Lapeyrouse rencontrait dans ces parages l'équipage anglais qu'il ne devait quitter que pour lui dire un éternel adieu !

Il faut tout d'abord reconnaître que le gouvernement anglais, ordinairement si habile comme *homme d'affaires*, avait manqué de prévoyance. Soit qu'il pensât que la nature se prêterait d'elle-même à la colonisation, soit qu'il y eût de sa part incurie, le gouvernement oublia d'envoyer à bord des agriculteurs : ce qui, par parenthèse, fait le plus grand honneur à cette honorable classe de la société, puisque cela prouve que sur les 801 condamnés il ne s'en trouva pas un qui fît partie de la population laborieuse des classes agricoles...

> O fortunatos nimium!...
> Agricolas...

XXI

Mais aussi les premiers mois furent très rudes et les difficultés de premier établissement tout à fait décourageantes.

Les privations entraînèrent même quelques convicts à de nouveaux crimes. Le gouverneur avait plein pouvoir; il sévit : Un jeune convict qui avait commis un vol, James Bennet, agé de 17 ans, fut le premier condamné à mort et exécuté.

Après le vol, vinrent les évasions. On faisait circuler parmi les déportés un singulier bruit : On prétendait que, non loin de la nouvelle Hollande, était une espèce d'Eldorado, où l'on trouvait une civilisation complète, une agriculture florissante.

Cette nouvelle s'était à peine répandue, que les évasions se multipliaient : les malheureux *convicts* qui, dans l'espoir de toucher cette terre promise, s'enfonçaient dans les forêts vierges, y mouraient de faim, ou devenaient la proie des peuplades sauvages ou des bêtes féroces.

Enfin, l'exubérance de la population pénale fut telle que le gouverneur se vit forcé d'en envoyer une partie dans l'Ile de Norfolk, Ile aux roches escarpées, dont l'aspect était si imposant et dont l'accès était si difficile, qu'un de nos navigateurs disait de cette île qu'il n'y avait que les anges ou les aigles qui pussent se reposer sur ses cimes.

Cependant, malgré ces obstacles, la colonisation s'organisait ; et les Anglais avaient presque résolu le problème de Philippe de Macédoine, qui voulait fonder une Poneropole (ville du crime).

Les approvisionnements, longtemps attendus, étaient arrivés assez régulièrement. Le commodore Philippe avait mis dans l'administration dont il était chargé une grande intelligence. On le voyait, tour à tour inexorable et compatissant, essayer sur l'âme endurcie des convicts, tantôt la rigueur, tantôt la clémence. Il avait déjà puni de mort J. Bennet : quelque temps après, un autre convict, Samuel Wrigt, fut aussi condamné à la peine capitale. Mais, cette fois, il voulut tenter sur le condamné Samuel et sur les autres convicts l'effet de la clémence : au jour du supplice, tous les préparatifs de mort étaient faits ; la foule était réunie sur le champ d'exécution ; la potence était dressée, et le coupable amené par le bourreau. Au moment où il allait être *lancé dans l'éternité*, ainsi que le disent les termes mêmes de la sentence, le gouverneur lui fit grâce. S. Wrigt, en se voyant rendu à la vie, eut pour le gouverneur Grose, la reconnaissance d'un homme sauvé des flammes ou du naufrage ; et, dit le rapport, S. Wrigt, l'inflexible convict, qui, jusqu'à ce jour, avait passé sa vie dans l'indifférence et l'endurcissement, profondément ému de cet acte de générosité, pâlit, chancela, s'agenouilla, et se mît à sangloter dans une agonie de joie et une civilisation complète, une agriculture florissante.

Cette nouvelle s'était à peine répandue, que les évasions se multipliaient : les malheureux *convicts* qui, dans l'espoir de toucher cette terre promise, s'enfonçaient dans les fôrets vierges, y mouraient de faim, ou devenaient la proie des peuplades sauvages ou des bêtes féroces.

Enfin, l'exubérance de la population pénale fut telle que le gouverneur se vit forcé d'en envoyer une partie dans l'Ile de Norfolk, Ile aux roches escarpées, dont l'aspect était si imposant et dont l'accès était si difficile, qu'un de nos navigateurs disait de cette île qu'il n'y avait que les anges ou les aigles qui pussent se reposer sur ses cimes.

Cependant, malgré ces obstacles, la colonisation s'organisait; et les Anglais avaient presque résolu le problème de Philippe de Macédoine, qui voulait fonder une Poneropole (ville du crime).

Les approvisionnements, longtemps attendus, étaient arrivés assez régulièrement. Le commo-

de reconnaissance, « *in an agony of joy and gratitude.* »

Tout cela se passait en 1792, c'est-à-dire cinq
ans après les premières tentatives de l'établissement colonial.

Ajoutons en faveur de l'*abolition de la peine de
mort*, que cet exemple servit puissamment à ré-
primer les crimes, dans la colonie pénale.

XXII

L'année suivante, la Révolution française avait
eu son retentissement dans le monde entier; et
les rigueurs politiques s'exerçaient en Angleterre,
par imitation.

Aux convicts, déportés pour cause de *felony*
(félonie, crime), on joignit bientôt des convicts
politiques; et les habitants de Botany-Bay virent
arriver en 1793, à bord du Brick la *Surprise*, des
hommes de la première distinction, tels que Muir,
Palmer, Margaret, Girald, etc., convaincus *d'avoir
provoqué le peuple à effectuer une réforme parlementaire*.

Muir, entr'autres, était un avocat estimé du bar-

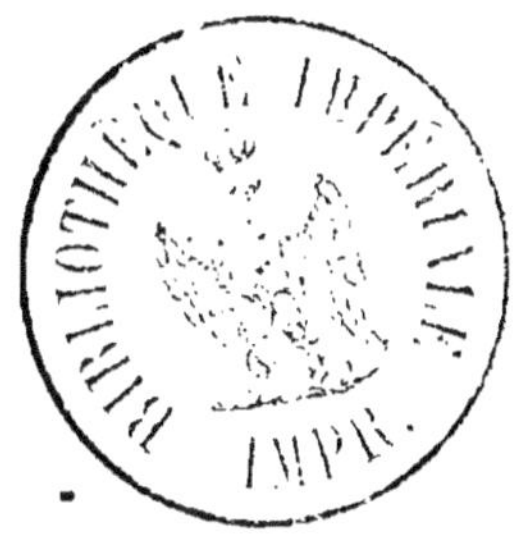

reau d'Écosse. Sa déportation avait fait le plus grand bruit en Angleterre, et la nouvelle, traversant l'Océan Atlantique, était parvenue en Amérique, à cette époque, où toutes les pensées généreuses et libérales allaient créer la république des États Unis.

Délivrer un tel homme était, à cette époque, une dette de principe. Les populations savaient alors s'émouvoir pour les victimes d'un despotisme quelconque, et bientôt l'avocat Muir trouvait asile sur *l'Otter*, navire Américain, qui avait à cœur d'enrichir sa patrie d'un homme de cœur et de courage, à une époque où, pourtant, les hommes de courage et de cœur n'étaient pas rares. Muir partit, mais sa destinée ne devint pas très-heureuse. Qui sait? peut-être, s'il fut resté à Botany-Bay, eût-il servi la cause de cette organisation difficile. Il fit naufrage sur les côtes de Californie. Plein de courage, il s'engagea dans les terres, et, après avoir surmonté mille dangers, il arriva à México. Là, il trouva un bâtiment espagnol et fit voile pour l'Espagne.

Mais, arrivé à la hauteur de Cadix, le bâtiment espagnol rencontra un vaisseau de guerre anglais.

Un combat fut livré par l'espagnol contre le navire compatriote de Muir. Ce dernier, on le comprend, spectateur de cette lutte, à laquelle il ne pouvait prendre part sans être parjure à son amour filial ou à sa gratitude, reçut une blessure à la tête, blessure dangereuse, presque mortelle, d'une balle amie. Muir était tombé sur le pont et laissé pour mort. Un officier écossais, chargé de la mission pénible de surveiller les cadavres, s'approche de cet homme, et ses yeux sont attirés par un objet que les mains de l'infortuné serraient fortement...

Il regarde... il reconnaît une petite bible de poche, un de ces millions de livres pieux, du même format, du même type, compagnon fidèle des vrais chrétiens du Royaume uni.

L'Écossais ouvre ce livre et sur le premier feuillet il lit ces mots : « *Given by his mother to a beloved son, Muir barrister.* Donné par sa mère à son fils bien-aimé Muir avocat. »

L'officier écossais, ayant reconnu l'homme dont le nom était aimé de tous ses compatriotes, eut le bonheur par ses soins de le rappeler à la vie : et Muir, put quelque temps après, trouver en France

une hospitalité cordiale, dont malheureusement il
ne put profiter que pendant la durée d'une con-
valescence pénible, mais où il avait retrouvé une
seconde patrie, digne de recueillir ses restes
mortels.

XXIII

De tout ce qui précède que faut-il conclure, c'est
que les colonies pénales, appliquées à la déportation politique, sont une institution réprouvée par
les sentiments universels des hommes libres;
mais que cette institution, appliquée aux condamnés pour crimes, les isole, les empêche de
subir la honte qui s'attache à leur présence au
milieu de la société qui les repousse.

Les colonies pénales anglaises ont créé des familles de convicts qui sont restées dans le milieu
de leur pairs, oubliant les rigueurs de la métro-
pole, s'habituant au travail, arrivant pas à pas au
bien.

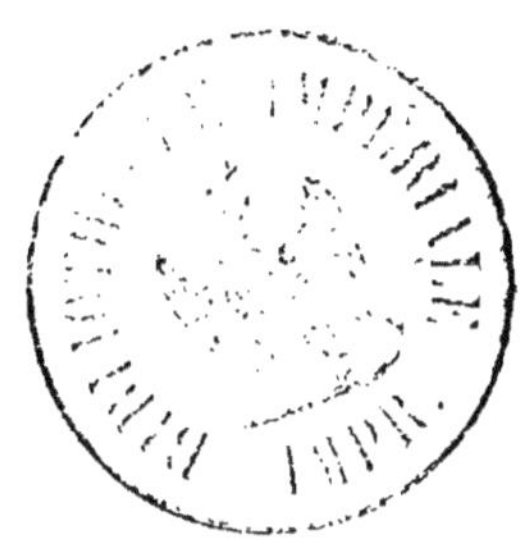

Nous ne pouvons ici donner d'autres détails sur cette organisation, cela nous entraînerait trop loin.

Nous avons posé le principe, persuadé que nous sommes que la Surveillance de la police est une PLAIE LÉGALE, dont l'abus est facile, parce qu'une surveillance de cette nature laisse planer nécessairement le soupçon sur la tête du condamné, qui, pour se soustraire aux angoisses de la honte, se replonge dans le crime avec un sentiment de rage contre la société.

Selon nous, l'Institution sérieuse des Colonies Pénales est le meilleur remède pour cicatriser cette *plaie légale*.

FIN

Poissy. — Typ. et stér. de A. BOURET